# CATECISMO

# PARA

# ADULTOS

## POR EL PADRE WILLIAM J. COGAN

Revisado bajo la dirección del Padre Joseph F. Muller, M.S.C.
Traducido al Español por Teresita Robledo y P. Germán Barona, M.S.C.

Also available in English
*"A Catechism for Adults"*

P.O. Box 336, Aurora, Illinois 60507-0336
Phone  (630) 896-6555
Fax  (630) 896-7457

*Nihil obstat:*
Reverendo William R. Schuessler, S.T.L.
Censor Deputatus

*Imprimatur:*
Reverendissimo Arthur J. O'Neill, D.D.
Osispo de Rockford

November 16, 1990

"El Nihil obstat e Imprimatur son declaraciones oficiales de que este libro o panfleto está exento de errores de doctrina o moral. No hay implicación contenida de que los que otorgaron el Nihil obstat o Imprimatur están de acuerdo con el contenido, opiniones y declaraciones expresadas"

# INDICE DE LECCIONES

| ¹CCC# | Lección | Tema | Página |
|---|---|---|---|
| 142-165 | 1. | La Religión | 6 |
| 101-141 | 2. | La Biblia y la Tradición | 8 |
| 232-262 | 3. | Dios y la Santísima Trinidad | 11 |
| 2558-2565; 2663-2696 | 4. | La Oración | 14 |
| 1066-1075;1322-1419 | 5. | Adoración Pública de Dios | 18 |
| 328-336; 391-395 | 6. | Angeles y Demonios | 20 |
| 988-1019; 1038-1060 | 7. | Los Seres Humanos y la Finalidad de la Vida | 22 |
| 1996-2005 | 8. | La Gracia | 25 |
| 1023-1029 | 9. | El Cielo | 28 |
| 1854-1864 | 10. | Pecado Mortal y Venial | 31 |
| 1033-1037 | 11. | El Infierno | 34 |
| 1030-1032 | 12. | El Purgatorio | 37 |
| 396-421 | 13. | El Pecado Original | 40 |
| 422-682 | 14. | Jesucristo, Nuestro Salvador | 42 |
| 422-682 | 15. | Jesucristo Verdadero Dios y Verdadero Hombre | 47 |
| 748-962 | 16. | La Iglesia | 51 |
| 748-962 | 17. | El Vínculo de Unión en la Iglesia | 55 |
| 1114-1134 | 18. | Los Siete Sacramentos | 58 |
| 1213-1284 | 19. | El Sacramento del Bautismo | 62 |
| 1285-1321 | 20. | El Sacramento de la Confirmación | 65 |
| 1322-1419 | 21. | La Eucaristía | 68 |
| 1322-1419 | 22. | El Sacrificio de la Misa | 73 |
| 1422-1498 | 23. | El Sacramento de la Penitencia | 77 |
| 1422-1498 | 24. | Las Indulgencias | 81 |
| 1422-1498 | 25. | Como Acercarse a la Confesión | 82 |
| 1499-1532 | 26. | La Unción de Los Enfermos | 84 |
| 1536-1600 | 27. | Las Ordenes Sagradas | 87 |
| 1601-1666 | 28. | Naturaleza del Matrimonio | 91 |
| 1601-1666 | 29. | Los Pecados Contra el Matrimonio | 95 |
| 1601-1666 | 30. | El Sacramento del Matrimonio | 99 |
| 1601-1666 | 31. | Como Lograr un Matrimonio Feliz | 102 |
| 1601-1666 | 32. | Deberes De Los Padres Para Con Los Hijos | 106 |
| 2084-2141 | 33. | El Primer Mandamiento | 110 |
| 2142-2167 | 34. | El Segundo Mandamiento | 112 |
| 2168-2195 | 35. | El Tercer Mandamiento | 114 |
| 2197-2257 | 36. | El Cuarto Mandamiento | 116 |
| 2258-2330 | 37. | El Quinto Mandamiento | 118 |
| 2331-2400; 2514-2533 | 38. | El Sexto y Noveno Mandamientos | 121 |
| 2401-2463; 2534-2557 | 39. | El Séptimo y Décimo Mandamientos | 124 |
| 2464-2513 | 40. | El Octavo Mandamiento | 127 |
| 1812-1829 | 41. | Fe, Esperanza Y Caridad | 129 |
| 2043 | 42. | Ayuno y Abstinencia | 131 |
|  |  | Oraciones | 133 |
|  |  | El Rosario | 140 |
|  |  | El Viacrucis | 142 |
|  |  | Los Supremos Pontífices Romanos | 144 |
|  |  | La Iglesia Católica USA/MUNDO | IBC |

¹CCC#: Contrareferencia con el "Catecismo de la Iglesia Católica."

*"Pues Dios amó tanto al mundo, que le dio a su Hijo único, para que todo aquel que cree en El no perezca, sino que tenga vida eterna,"* [Juan 3:16]

# INTRODUCCION

Para muchas personas Dios es una especie de poder extraño, que se encuentra en alguna parte del espacio. El ha creado en cierta forma el universo y todo lo que contiene pero que no se interesa en los habitantes de este planeta. *Esto está lejos de la realidad.*

En realidad Dios conoce y ama todo lo que El ha hecho. El ama particularmente a cada ser humano y desea nuestra felicidad en este mundo y en el próximo. Estas lecciones te ayudarán a entender los planes revelados de Dios para tu felicidad. Explican las enseñanzas y leyes de Dios con relación a la felicidad humana. Clarifican los tropiezos y ofrecen soluciones a problemas que todos enfrentamos en nuestra jornada por la vida.

*"Confía en El, El te cuidará; sigue la senda recta y espera en El."* [Cirácides 2:6].

# Lección 1: La Religión

**1. ¿Cuál es el propósito de estas lecciones?**
Ayudar a suplir lo que falta en la vida de muchas personas - una relación vital con nuestro Dios amoroso.
*"Un corazón sensato busca la ciencia, la boca de los tontos se sacia de necedad" [Proverbios 15:14].*

**2. ¿Por qué el estudio de la religión es el más importante?**
Porque tal estudio nos guía a la amistad con Dios ahora y para siempre, y no hay nada más valioso o más importante que ésto.
*"Pues de qué le servirá al hombre ganar el mundo entero, si pierde su vida." [Mateo 16:26]. "Conoceréis la verdad, y la verdad os hará libres." [Juan 8:32].*

**3. ¿Qué es la Religión?**
a) Reunirnos nosotros mismos con Dios al creer en todo lo que El ha revelado a la raza humana.
b) Amarlo incondicionalmente.
c) Glorificarlo haciendo su voluntad como Cristo nos enseñó con sus palabras y ejemplo.
*"Hagan lo que dice la palabra, pues al ser solamente oyentes se engañarían a sí mismos" [Santiago 1:22].*

**4. ¿Es verdaderamente necesaria la religión?**
Sí, por varias razones:
a) Dios, nuestro Padre Celestial, quiere que cada ser humano siga sus planes de paz y felicidad.
b) Sin la religión y sin seguir el plan de Dios, la plenitud de la vida carece de sentido. .
*"El sentido supremo de la vida del hombre consiste en conocer a Dios y glorificarlo, cumpliendo su voluntad, como Cristo nos enseñó con sus palabras y el ejemplo de su vida, y de este modo alcanzar la vida eterna." [Directorio General Catequético, 41].*
c)   La falta de una relación vital con Dios nos guía a la injusticia e infelicidad.
*Desgraciados los que desprecian la sabiduría y la instrucción; vana es su esperanza, sin provecho sus fatigas, inútiles sus obras; sus mujeres son insensatas, malvados sus hijos, maldita su prosperidad." [Sabiduría 3:11-12].*

**5. ¿ Qué sucederá con aquellos que viven irreligiosamente?**
Dañarán seriamente su unión con Dios y otra gente. Perderán su paz interior. Correrán el riesgo de la muerte eterna a menos que se arrepientan. *"Cuando el Señor Jesús se revele desde el cielo con sus poderosos ángeles, en medio de una llama de fuego. Vendrá para castigar a los que no reconocen a Dios y a los que no obedecen el Evangelio de nuestro Señor Jesucristo." [2 Tesalonicenses 1:7-8].*

**6. ¿Qué te concederá la práctica de la religión en esta vida?**
La amistad con Dios, la adopción divina, la participación en su propia vida, la tranquilidad de conciencia y la promesa de vida eterna. Estos son los tesoros más preciados que una persona puede tener. *"Dichosos más bien los que oyen la palabra de Dios y la guardan." [Lucas 11:28]. "Mucha es la paz de los que aman tu ley; no hay tropiezo para ellos." [Salmo 118:165].*

**PUNTOS PRACTICOS**
1. Es lamentable que muchas personas hoy en día presten muy poca o ninguna atención a Dios; otros piensan que Dios está distante, totalmente alejado y que permanece indiferente. Esto se debe a que la vida moderna está centrada en el mundo y no en Dios."
2. Ha habido muchas personas buenas que no conocieron mucho acerca de Dios y la religión. Pero la ignorancia no es una virtud. Estas buenas personas hubieran amado mucho más a Dios si lo hubieran conocido. Todo lo que aprendemos acerca de Dios es una razón más para amarlo. Es por eso que el estudio de la religión es tan hermoso, tan interesante y tan valioso. *"Cosas que nadie ha visto ni oído, ni siquiera pensado, Dios ha preparado para los que le aman. [1 Corintios 2:9].*

NOTAS

_____
_____
_____
_____
_____
_____

## Lección 2: La Biblia y La Tradición

*"De una manera fragmentaria y de muchos modos habló Dios en el pasado a nuestros padres por medio de los Profetas; en estos últimos tiempos nos ha hablado por medio de su Hijo, a quien instituyó heredero de todo, por quien también hizo el mundo." [Hebreos 1:1]*

**1. ¿Qué es la Biblia?**

Es una colección de escritos inspirados por Dios los cuales revelan el mensaje de salvación.

*"Toda Escritura está inspirada por Dios y es útil para enseñar y reprender, para corregir y para educar en la justicia; así el hombre de Dios se encuentra perfecto y preparado para toda obra buena." [2 Timoteo 3:16-17].*

**2. ¿Qué significa "inspirado por Dios"?**

Significa que Dios escogió a ciertos hombres y los conmovió a escribir fielmente todas las cosas que El quería manifestar.

*"Porque nunca profecía alguna ha venido por voluntad humana, sino que hombres movidos por el espíritu Santo, han hablado de parte de Dios." [2 Pedro 1:21].*

**3. ¿Quién es por lo tanto el verdadero autor de la Biblia?**

Es Dios, puesto que El conmovió a aquellos hombres a escribir las cosas, que El les ordenó, aunque les permitió hacerlo con su propio lenguaje y estilo.

*"Porque os hago saber, hermanos que el Evangelio, anunciado por mí, no es humano, pues yo lo recibí, no aprendido de hombre alguno, sino por revelación de Jesucristo." [Gálatas, 1:11-12].*

**4. ¿Cuándo fueron coleccionados esos escritos?**

La Iglesia los reunió en un solo libro, entre los años 350 y 405.

**5. ¿Cómo está dividida la Biblia?**

Esta dividida en dos partes principales, el Antiguo Testamento (Hebreo) y el Nuevo Testamento.

**6. ¿Qué contiene el Antiguo Testamento?**

El Antiguo Testamento contiene verdades religiosas que Dios revely y aprobó antes de la venida de Su Hijo Jesucristo al mundo.

**7. ¿Qué contiene el Nuevo Testamento?**
El Nuevo Testamento contiene revelaciones avanzadas y clarificaciones de verdades religiosas por medio del Hijo de Dios y por medio de sus seguidores.

**8. ¿Es posible interpretar la Biblia erróneamente?**
Sí, la misma Biblia lo dice: "En esas cartas hay cosas difíciles de entender, que los ignorantes y los débiles interpretan torcidamente, como también las demás Escrituras para su propia perdición." [2 Pedro 3:16]

**9. ¿Necesitamos un maestro vivo para ayudarnos a entender la Biblia?**
Sí. Cristo nombró a sus apóstoles como maestros. Los apóstoles escogieron a sus sucesores.
"Jesús realizó en presencia de los discípulos otras muchas señales, que no están escritas en este libro." [Juan 20:30].

**10. ¿Qué es la Tradición?**
Es el entendimiento de la palabra de Dios transmitida a nosotros, a través de su predicación y por sus sucesores en la Iglesia hasta nuestros días.
"Así pues, hermanos, manteneos firmes y conservad las tradiciones que habeis aprendido de nosotros, de viva voz o por carta." [2 Tesalonicenses 2:15].

**11. ¿Debes creer en la Tradición?**
Sí, porque la Tradición conserva un completo entendimiento de la palabra de Dios. La Sagrada Tradición junto con la Sagrada Escritura forman un depósito sagrado de la palabra de Dios.
Los primeros Cristianos aprendieron todas las cosas por medio de la Tradición. Sólo mas tarde fueron escritas algunas de las enseñanzas de Jesús. El último libro data del final del primer siglo.

**12. ¿Nos es permitido creer todo lo que nos plazca?**
No, estamos obligados a aceptar las verdades contenidas en la Biblia y la Tradición, puesto que es así como Dios habla con nosotros, sus amigos. Decir "No" aquí es como decir "No" a Dios.
*"Cuando el Señor Jesús se revele desde el cielo, con sus poderosos ángeles, en medio de una llama de fuego. Vendrá para castigar a los que no reconocen a Dios y a los que no obedecen el Evangelio de nuestro Señor Jesucristo." [2 Tesalonicenses 1:7-8].*

**13. ¿Cómo podemos llegar a conocer y a entender el verdadero significado de la palabra de Dios?**

La función de explicar oficialmente el significado de la palabra de Dios, contenida en la Biblia y la Tradición, ha sido confiada al magisterio viviente de la Iglesia, fundada por nuestro Señor Jesucristo.

## PUNTOS PRACTICOS

1. "Los asuntos de la tierra y las verdades de la fé se derivan del mismo Dios." (Concilio Vaticano II La Iglesia de hoy, par. 36) No puede haber contradicción entre la Biblia y la ciencia, puesto que ambas provienen de una misma verdad inmutable. Así, por ejemplo la historia de la creación del mundo y del género humano no ha sido presentada por Dios como una explicación científica, sino en un forma sencilla de instruir a un pueblo carente de cultura religiosa.

2. "La ignorancia de las Escrituras es ignorancia sobre Cristo."[S. Jerónimo]

3. Mucha gente compra una Biblia, empieza a leerla y luego la abandona, porque leer la Biblia sin ayuda puede ser muy decepcionante. COMO LEER SU BIBLIA puede mostrarle como leerla y que sea además interesante. Disponible en la librería parroquial o por medio de Cogan Productions, 555 W. Illinois Ave., Aurora, Illinois 60506. El precio es de $5.75 (incluye el envío). ("Como Leer Su Biblia" disponible en Inglés solamente).

NOTAS

_____

_____

_____

_____

_____

_____

_____

_____

_____

# Lección 3: Dios y la Santisima Trinidad

*"Oh abismo de la riqueza, de la sabiduría y de la ciencia de Dios! ¡Cuán insondables son sus juicios e inescrutables sus caminos! En efecto, ¿Quién conoció el pensamiento del Señor, o quién le dio primero para que tenga derecho a la recompensa? Porque de El, por El y para El son todas las cosas. ¡A El la gloria, por los siglos! Amén. [Romanos 11:33-36].*

**1. ¿Quién es Dios?**
El ser eterno, infinito, y supremo. Dios es el creador "que hizo los cielos y la tierra, el mar y cuanto en ellos hay" [Salmo 146:6].

**2. ¿Qué significa Creador?**
Significa que Dios hizo todas las cosas de la nada.

*"Te ruego que mires al cielo y a la tierra, y al ver todo lo que hay en ellos, sepas que a partir de la nada lo hizo Dios, y que también el género humano ha llegado así a la existencia." [2 Macabeos 7:28].*

**3. ¿Qué es una criatura?**
Criatura es cualquier cosa hecha por Dios.

**4. ¿Cómo sabes que existe Dios?**
Con solo examinar las cosas de este mundo, tienes que admitir que alguien debió haberlas hecho.

*"Interroga a las bestias para que te instruyan, a las aves del cielo para que te informen. Te instruirán los reptiles de la tierra, te enseñarán los peces del mar. Pues entre todos ellos, ¿quién ignora que la mano de Dios ha hecho esto?" [Job 12:7-9].*
*"Dice en su corazón el insensato. No hay Dios." [Salmo 13:1]*

**5. ¿Por qué no puedes ver a Dios?**
Porque no tiene cuerpo.
*"Dios es espíritu" [Juan 4:24].*

**6. ¿Dónde está Dios?**
Dios está en todas partes.
*"¿A dónde iré yo lejos de tu espíritu? ¿A dónde de tu rostro podré huir? Si hasta los cielos subo, allí estás tú; si en el suelo me acuesto, allí te encuentras." [Salmo 138:7-8].*

**7. ¿Conoce Dios todas las cosas?**
Sí, porque está personalmente presente en todas partes. Este es un hecho muy consolador.
*"En todo lugar están los ojos de Yahvéh, observando a los malos y a los buenos." [Provervios 15:3].*

**8. ¿Qué edad tiene Dios?**
No podemos nosotros comprender la edad de Dios. El ha existido, existe y existirá siempre, sin experimentar cambio alguno. Esto es los que significa ser eterno.
*"Antes de que los montes fuesen engendrados, antes de que naciesen tierra y orbe, desde siempre hasta siempre tú eres Dios." [Salmo 89:2].*

**9. ¿Puede Dios hacer todas las Cosas?**
Si, "con Dios todo es posible" [Mateo 19:26].

**10. ¿Dios está vivo?**
Sí, Dios está vivo; El es la fuente de toda vida.

**11. ¿Depende Dios de alguien o de algo, o es imperfecto en alguna manera?**
No, El es independiente y enteramente perfecto, en todas formas sin limitaciones de ninguna clase. Se le llama perfección infinita.
*"Dios no es servido por manos humanas, como si de alguna estuviera necesitado, el que a todas da la vida, el aliento y todas las cosas [Hechos 17:25].*

**12. ¿Se interesa Dios por tí?**
Sí, y te ama personalmente con un amor infinito.
*"¿Acaso olvida una madre a su niño de pecho, sin compadecerse del hijo de sus entrañas? Pues, aunque ella llegase a olvidarlo, yo no te olvido." [Isaias 49:15].*

**13. ¿Incluye el amor de Dios el perdón de tus pecados?**
Si te arrepientes sinceramente de ellos, sí.
*"Yahvéh, vuestro Dios es clemente y misericordioso, y no apartará de vosotros su rostro, si vosotros os convertís a él." [2 Crónicas 30:9].*

**14. ¿Qué entendemos por la Santísima Trinidad?**
Entendemos que hay tres Personas y un solo Dios.
*Id, pues, y haced discípulos a todas las gentes, bautizándolos en el nombre del Padre y del Hijo y del Espíritu Santo."* [Mateo 28:19].

**15. ¿Cuáles son las tres Personas de la Santísima Trinidad?**
Dios Padre, Dios Hijo y Dios Espíritu Santo.
*""Hay tres testigos de esto en el cielo: El Padre, la Palabra y el Espíritu Santo; y estos tres son uno".* [1 Juan 5:7].

**16. ¿Son iguales las tres Personas de la Santísima Trinidad?**
Sí, son iguales en dignidad, pero cada una es persona distinta, y cada una es verdaderamente divina, es Dios.

**17. ¿Podemos comprender esta verdad de la vida interna de Dios?**
Es un misterio que la mente humana no puede comprender.

**18. ¿Por qué Dios reveló este misterio?**
Para que podamos tener un entendimiento correcto de Dios. El no está solo ni depende de alguna criatura. Por el contrario, todas las criaturas se encuentran realizadas al ser bienvenidas dentro del amor eterno de el Padre, el Hijo y el Espíritu Santo.

### PUNTO PRACTICOS

1. Hay muchas cosas en este mundo que la mente humana no puede comprender, como el crecimiento, la vista, el oído, la electricidad. Por lo tanto, no debemos sorprendernos al darnos cuenta que no podemos entender completamente a Dios, que es el creador del mundo.

2. Si Dios no lo hubiera revelado, nunca hubiéramos sabido que existía esta comunidad de personas dentro de una sola naturaleza divina. Dios nos ha revelado esta verdad sobre su vida interna porque nos ama y desea que por medio de nuestra fe y el Bautismo adquiramos una profunda familiaridad con las tres Personas divinas siendo elevados a compartir su naturaleza divina (General Catechetical Directory, Par. 47)

# Lección 4: La Oración

*"Pedid y se os dará; buscad y hallaréis; llamad y se os abrirá. Porque todo el que pide recibe; el que busca, halla, y al que llama, se le abrirá. O ¿hay acaso alguno entre vosotros que al hijo que le pide pan, le da una piedra; o si le pide un pez, le da una culebra? Si, pues, vosotros, siendo malos, sabéis dar cosas buenas a vuestros hijos, ¡Cuánto más, vuestro Padre que está en los cielos, dará cosas buenas a los que se las pidan!" [Mateo 7:7-11].*

### 1. ¿Qué es la oración?
La oración es el deseo e intento de comunicarse con Dios.

### 2. ¿Porqué debes orar?
Debes orar-
a) Para adorar a Dios, reconocer que El te ha creado y admitir que dependes de El absolutamente en todo.
b) Para agradecerle por los beneficios recibidos. *"¿Qué tienes que no lo hayas recibido? Y si lo has recibido, ¿a que gloriarte, cual si no lo hubieras recibido?"* [1 Corintios 4:7].
c) Para pedir a Dios perdón por tus pecados.
   *"Oh Dios, ten compasión de mí, que soy pecador!"* [Lucas 18:13].
d) Para implorar la ayuda de Dios en todas las cosas.
   *"Pedid y se os dará; llamad y se os abrirá"* [Mateo 7:7].

### 3. ¿Cuándo debes orar?
Todos los días;
a) En la mañana-para ofrecer a Dios el nuevo día y pedirle su ayuda para vencer las tentaciones diarias.
b) Durante el día, sobre todo si se presentan tentaciones.
c) En la noche-para agradecer a Dios por los beneficios del día, y para pedirle perdón por los pecados del día.
d) Antes y después de las comidas.
   *Las oraciones que deben rezarse cada día se encuentran en las paginas 133-137].*

### 4. ¿A quién debes orar?
a) A Dios Padre, Hijo, y Espíritu Santo.
b) También puedes pedir a la Santísima Virgen, los ángeles y los Santos para que intercedan por tí.

*"Y por mano del Angel subió delante de Dios la humareda de los perfumes, que representan las oraciones de los santos." [Revelación 8:4].*

**5. ¿Por qué puedes orar a la santísima Virgen, los ángeles y los Santos?**

Porque ellos son amigos íntimos de Dios. El con gusto concede sus peticiones.

*"Id donde mi siervo Job y ofreced por vosotros un holocausto. Mi siervo Job intercederá por vosotros, y, en atención a él, no os castigaré, por no haber hablado con verdad de mí, como mi siervo Job." [Job 42:8-9].*

**6. ¿Por quién debes orar?**

a) Por cualquiera que esté en el mundo, incluyendo a los enemigos.

*"Pero yo os digo: amad a vuestros enemigos y rogad por los que os persiguen." [Mateo 5:44].*

b) Por las almas del purgatorio. (Véase Lección 12).

**7. ¿Por qué debes orar?**

Debes orar cada día para ir al cielo. Cuando oras por otro motivo debes añadir siempre: "Si es tu voluntad, Señor."

*"Que por todas estas cosas se afanan los gentiles; y ya sabe vuestro Padre celestial que teneis necesidad de todas ellas. Buscad primero su Reino y su justicia, y todas esas cosas se os darán por añadidura." [Mateo 6:32-33].*

**8. ¿Escucha Dios siempre tus oraciones?**

Sí, pero no siempre te concede lo que le pides, porque no siempre sabes que es lo mejor para tí y para los demás.

**9. ¿Escucha Dios las oraciones de los pecadores?**

Sí, siempre que pidan con fe y sinceridad su ayuda.

*"En cambio el publicano, manteniéndose a distancia no se atrevía a alzar los ojos al cielo, sino que se golpeaba el pecho diciendo; oh, Dios, ten compasión de mí, que soy pecador. Os digo que éste bajó a su casa justificado." [Lucas 18:13-14]*

**10. ¿Cómo debes orar?**

a) Con atención, poniendo la mente en lo que dices.

b) Con humildad, convencido de que nada puedes sin la ayuda de Dios.

c) Con confianza, persuadido de que Dios todo lo puede.

d) Con perseverancia, sin perder nunca la esperanza.

*"En esto está la confianza que tienes en él: En que si le pedimos algo según su voluntad, nos escucha."* [1 Juan 5:14].

**11. ¿Por qué es necesaria la oración comunitaria?**

Porque debemos reconocer públicamente, como miembros de la sociedad humana, que Dios es la autoridad suprema de la sociedad.

**12. ¿En qué forma la oración comunitaria ayuda a toda la humanidad?**

En que muestra el sublime ideal Cristiano de la fraternidad universal, que une a todos los hombres y mujeres, de todos los tiempos, razas y pueblos en una misma adoración al Padre Celestial.

**13. ¿Por qué debe la familia rezar unida?**

a) Para pedir a Dios que la bendiga como familia.

b) Para imitar a la Sagrada Familia de (Jesús, María y José).

c) Para dar buen ejemplo a los hijos.

d) Para mantener la unidad familiar.

*"Porque donde están dos o tres reunidos en mi nombre, allí estoy yo en medio de ellos."* [Mateo 18:20].

**14. ¿Con qué frecuencia debe rezar la familia unida?**

Por lo menos una vez al día, preferentemente después de la comida de la tarde, cuando todos los miembros se encuentren reunidos.

*"La familia que reza unida permanece unida."* [Padre Peyton].

**15. ¿Por qué tienen los católicos estatuas e imágenes de los santos?**

a) Porque desean honrar a la santísima Virgen y a los Santos, en la misma forma en que se honra a los héroes nacionales.

b) Porque el contemplar las imágenes y estatuas de los Santos de Dios nos ayuda a levantar la mente "a las cosas de arriba" (Colosenses 3:2), y así somos ayudados a orar.

# PUNTOS PRACTICOS

1. Además de las fórmulas de oración, como el Padre Nuestro y el Ave María, deberíamos orar frecuentemente con nuestras propias palabras, salidas directamente del corazón. Las mejores oraciones son con frecuencia aquellas en que ni siquiera expresamos los pensamientos con palabras. Esta práctica se llama "oración mental o meditación. Veinte o treinta minutos de semejante oración cada día es una de las mejores formas de fomentar nuestra amistad con Dios nuestro Señor.

2. Es bueno orar durante el día, por medio de oraciones cortas, como: "Jesús yo te amo," "Dios mío, te ofrezco esta hora de trabajo por mis pecados." "Jesús mío, misericordia".

3. No es necesario arrodillarse, mientras se reza, pero tal práctica ayuda indudablemente a mantener la actitud adecuada y despierta el espíritu de oración, al arrodillarse especialmente por ejemplo, durante las oraciónes de la mañana y de la noche.

NOTAS

_____

_____

_____

_____

_____

_____

_____

_____

_____

_____

_____

_____

_____

_____

# Lección 5: Adoración Publica de Dios

*Nota. Como somos hijos de Dios, estamos llamados a rendirle adoración y alabanza, no solo como individuos, sino tambien como miembros de una sociedad determinada, como miembros de la familia humana y miembros de su Iglesia. La forma más importante de oración pública comunitaria en la Iglesia Católica es el santo Sacrificio de la Misa. La explicación más completa de ella se dará en la Lección 22. Aquí se exponen algunas ideas introductorias para aquellos que desean comenzar a asistir a la Misa, desde el principio de estas instrucciónes.*

1. **¿Qué sucede en la Misa?**

   El pan y el vino son cambiados en el Cuerpo y Sangre de Cristo y ofrecidos a Dios para renovar el Sacrificio que Jesús ofreció en la cruz.

2. **¿Quién ofreció la primera Misa?**

   Jesucristo en la Ultima Cena, la noche anterior a su muerte, hace cerca de 2000 años.

   *"Mientras comían tomó Jesús pan y, pronunciada la bendición, lo partió y, dándolo a sus discípulos, dijo: tomad y comed; éste es mi cuerpo. Tomó luego un cáliz y, dadas las gracias, se los dio diciendo:—Bebed todos de él porque esta es mi sangre de la Alianza, que va a ser derramada por muchos para perdón de los pecados." [Mateo, 26:26].*

3. **¿Cómo puede Jesús cambiar el pan y el vino en su Cuerpo y Sangre?**

   Porque tiene poder divino. El es Dios, como se mostrará en la lección 15.

4. **¿Otorgó Jesús éste poder a otras personas?**

   Sí, a los doce Apóstoles.

   *"Haced esto en conmemoración mía." [Lucas 22:19].*

5. **¿Quizo Jesús que los Apóstoles trasmitieran tal poder a otras personas?**

   Sí, porque El quizo que toda la gente participara activamente en este sacrificio ofreciéndolo y compartiéndolo por medio de la comunión de su Cuerpo y su Sangre.

   *"Si no comeis la carne del Hijo del Hombre y no bebeis su sangre, no teneis vida en vosotros." [Juan 6:54].*

6. **¿Cómo trasmitieron los Apóstoles tal poder?**

   Constituyendo a otros hombres en sacerdotes y obispos. (Véase Lección 27.)

**7. ¿Quién tiene tal poder en la actualidad?**
Los sacerdotes y los obispos de la Iglesia Católica.

**8. ¿En qué momento de la Misa el sacerdote cambia el pan y el vino en el Cuerpo y Sangre de Cristo?**
En el momento llamado "consagración," hacia la mitad de la Misa, cuando dice; "Este es mi cuerpo; ésta es mi sangre."

## PUNTOS PRACTICOS

1. Si hay algunas cosas relativas a la Santa Misa, que no entiendes todavía en esta fase de la instrucción, hay que tener un poco de paciencia. Acompaña a los demás en las oraciones, y pide a Dios fe profunda, mientras vas avanzando en las lecciones hasta la 22.

2. Por ahora te recomiendo leer una y otra vez al capítulo sexto del Evangelio según San Juan.

NOTAS

## Lección 6: Angeles y Demonios

*"Y en la visión oí la voz de una multitud de ángeles alrededor del trono, de los Seres y de los Ancianos. Su número era miriadas de miriadas y millones de millones, y decían con voz fuerte:-Digno es el Cordero degollado de recibir el poder, la riqueza, la sabiduría, la fuerza, el honor, la gloria y la alabanza.' [Revelación 5:11-12].*

**1. ¿Qué es un ángel?**
Es un espíritu; es decir una persona que carece de cuerpo.

**2. ¿Es un ángel una persona verdadera?**
Sí, porque un ángel tiene entendimiento así como también voluntad.

**3. ¿Cómo sabes que existen los ángeles?**
La Biblia menciona a los ángeles unas trescientas veces.

**4. ¿Para qué creó Dios a los ángeles?**
Para adorarlo en el cielo, para actuar como sus mensajeros y guardianes de los seres humanos.

**5. ¿Tenemos ángeles guardianes?**
Sí, Dios designa ángeles para que miren por cada uno de los seres humanos. Lo más probable es que cada persona tenga su propio ángel guardián.
*"Guardaos de despreciar a uno de estos pequeños, porque yo os digo que sus ángeles en los cielos ven continuamente el rostro de mi Padre, que está en los cielos." [Mateo 18:10].*

**6. ¿Qué hace por tí tu ángel guardián?**
Ruega por tí, te protege del mal y te inspira a hacer el bien.
*"He aquí que yo voy a enviar un ángel delante de tí, para que te guarde en el camino y te conduzca al lugar, que te tengo preparado. Pórtate bien en su presencia y escucha su voz." [Exodo 23:20-21].*

**7. ¿Todos los ángeles obedicieron a Dios?**
No, algunos de ellos, dirigidos por Lucifer o Satanás, desobedecieron a Dios y fueron inmediatamente arrojados al infierno. Estos son los ángeles caídos o sea los demonios.

*"Entonces se entabló una batalla en el cielo. Miguel y sus ángeles combatieron con la Serpiente. También la Serpiente y sus ángeles combatieron, pero no prevalecieron, y no hubo ya en el cielo lugar para ellos." [Apocalipsis 12:7-8].*

## 8. ¿Existe realmente el diablo?

Sí, la Biblia habla con frecuencia del diablo, como de una persona real.

*"Fue arrojada la gran Serpiente, la Serpiente antigua, el llamado diablo y Satanás, el seductor del mundo entero." [Apocalipsis 12:9].*

## 9. ¿Cómo actúa el demonio con los seres humanos?

El demonio induce a la gente a cometer pecados.

*"Sed sobrios y velad. Vuestro adversario el Diablo ronda como león rugiente, buscando a quien devorar. Resistidle, firmes en la fe, sabiendo que vuestros hermanos que están en el mundo, soportan los mismos sufrimientos." [1 Pedro 5:8-9].*

## 10. ¿Cómo puedes luchar contra el diablo?

El arma más poderosa contra el diablo es la oración y el sacrificio. Como el ayuno.

*"Revestíos de las armas de Dios para poder resistir las acechanzas del Diablo. Porque vuestra lucha no es contra la carne y la sangre, sino contra los Principados, contra las Potestades, contra los Dominadores de este mundo tenebroso, contra los Espíritus del Mal que están en las alturas." [Efesios 6:11-12].*

## PUNTOS PRACTICOS

1. Tu ángel de la guarda es una persona real, que está siempre contigo y te protege. Rézale con frecuencia y agradécele su ayuda. El ángel de la guarda es un testimonio de lo mucho que Dios te ama y su interés por tí.

2. El Demonio ha logrado que mucha gente lo considere como un espíritu disfrazado. Pero es una persona muy real y constituye verdadero peligro para tu persona.

3. No todas las tentaciones provienen del diablo. Algunas se originan de tus propios deseos y de la gente incrédula.

# Lección 7:
## Los Seres Humanos y La Finalidad De La Vida

*"No atesoreis tesoros en la tierra, donde hay polilla y herrumbre, que corroen, y ladrones que socavan y roban. Atesorad, más bien, tesoros en el cielo, donde no hay polilla ni herrumbre que corroan, ni ladrones que socaven y roben. Porque donde este tu tesoro, allí estará también tu corazón." [Mateo 6:19-21].*

**1. ¿Qué es un ser humano?**
Es una criatura que tiene cuerpo y alma.
*"Apenas inferior a un ángel lo hiciste, coronándole de gloria y resplandor." [Salmo 8:6].*

**2. ¿Qué es el alma?**
Es la parte espiritual del hombre, que nunca morirá.
*"Dijo Dios: Hagamos el hombre a imagen nuestra, según nuestra semejanza." [Génesis 1:26].*

**3. ¿En qué parte se encuentra tu alma?**
En cada parte viva de tu ser.
*"Un cuerpo muere cuando es separado del Espíritu" [Santiago 2:26)*

**4. ¿Es tu alma algo real?**
Es tan real como tu cuerpo.

**5. ¿Cómo sabes que tienes alma?**
Porque puedes realizar actos espirituales, tales como pensar, hablar, elegir libremente unas cosas y rehusar otras, resolver problemas de matemáticas, disfrutar de una broma, de una película, de la lectura de un libro, etc.
*Un animal no puede hacer tales cosas. Esa capacidad proviene de tu alma.*

**6. ¿De dónde viene tu alma?**
Dios creó tu alma y la unió a tu diminuto cuerpo al desarrollarse en el vientre de tu madre.
*"Así les habla Yahvéh, su creador, el que los formó desde el seno materno y el que los socorre; no teman..." [Isaías 44:2].*

**7. ¿Cuánto tiempo permanecerán juntos tu cuerpo y alma?**
Hasta la muerte, que es causada por la separación del cuerpo y el alma.
*"Vuelva el polvo a la tierra, a lo que era, y el espíritu vuelva a Dios, que es quien lo dio." [Eclesiastés 12:7].*
*Estad, pues preparados porque no sabeis ni el día ni la hora".*
*[Mateo 25:13].*

**8. ¿Que le sucederá a tu cuerpo cuando mueras?**
Se descompondrá y volverá a la tierra, de la que proviene.
*"Porque eres polvo y al polvo retornarás." [Génesis 3:19].*

**9. ¿Qué le sucederá a tu alma cuando mueras?**
Será juzgada por Dios e irá al cielo o al infierno.
*"Está establecido que los hombres mueran una sola vez, y luego el juicio." [Hebreos 9:27].*

**10. ¿Volverán otra vez a juntarse tu cuerpo y tu alma?**
Sí, en el día del juicio. Dios llamará otra vez de la tierra a tu cuerpo y lo juntará a tu alma. En esto consiste la resurrección.
*"Mirad. Os revelo un misterio. No moriremos todos, mas todos seremos transformados. En un instante, en un pestañear de ojos, al toque de la trompeta final, pues sonará la trompeta, los muertos resucitarán incorruptibles y nosotros seremos transformados.*
*[1 Corintios 15:51-52].*

**11. ¿Después de la resurrección estarán juntos para siempre el cuerpo y el alma?**
Sí, los dos, cuerpo y alma estarán unidos para siempre ya sea en el cielo o en el infierno.
*"Porque es necesario que todos seamos puestos al descubierto ante el tribunal de Cristo, para que cada cual reciba conforme a lo que hizo, durante su vida mortal, el bien o el mal." [2 Corintios 5:10].*

**12. ¿Cuándo ocurrirá el Día del Juicio?**
Nadie lo sabe, sino sólo Dios.
*"Mas de aquel día y hora, nadie sabe nada, ni los ángeles del cielo, ni el Hijo, sino sólo el Padre." [Mateo 24:36].*

**13. ¿Cómo debes prepararte para el día del Juicio?**
Ora constantemente, esfuérzate por creer cada día mas en el amor de Dios y del prójimo, cumple los mandamientos de Dios, haz penitencia por tus pecados.

*"Guardaos de que no se hagan pesados vuestros corazones por el libertinaje, por la embriaguez y por las preocupaciones de la vida, y venga aquel día de improviso sobre vosotros, como un lazo; porque vendrá sobre todos los que habitan toda la faz de la tierra. Estad en vela, pues, orando en todo tiempo, para que tengais fuerza y escapeis a todo lo que está por venir y podais estar en pie delante del Hijo del Hombre."* [Lucas 21:34-36].

## 14. ¿Cuál es, por lo tanto, el verdadero propósito de la vida?

Es glorificar a Dios, esforzándote siempre por conocerlo, amarlo y servirlo mejor, y ayudando a los demás para que hagan lo mismo.

*"Pues, ¿de que le sirve al hombre ganar el mundo entero, si arruina su vida? Pues ¿qué puede dar el hombre a cambio de su vida?"* [Marcos 8:36].

*"Ahora bien, vosotros los que decís: hoy o mañana iremos a tal ciudad, pasaremos allí el año, negociaremos y ganaremos; vosotros no sabeis que será de vuestra vida el día de mañana. Sois vapor que aparece un momento y después desaparece. En cambio deberíais decir: si el Señor quiere, viviremos y haremos esto o aquello."* [Santiago 4:13-17].

## NOTAS

# Lección 8: La Gracia

*"Tomando Jesús de nuevo la palabra les habló en parábolas diciendo: El Reino de los Cielos es semejante a un rey que celebró un banquete de bodas de su hijo... y la sala de bodas se llenó de comensales; y al advertir que había allí uno que no llevaba el traje de boda le dijo: amigo, como has entrado aquí sin traje de boda. Y él se quedó callado. Entonces el rey dijo a los sirvientes:—Atadle de pies y manos y echadle a la oscuridad de fuera; allí será el llanto y el rechinar de dientes." [Mateo 22:1-14].*

## 1. ¿Para qué te creó Dios?

El amó la idea de hacerte. El te dio vida de infinita bondad. Dios te invita a encontrar tu felicidad en este mundo y en el próximo conociéndolo, obedeciéndolo, y sirviéndolo por medio de los demás.

*"Quién es el hombre, para que te acuerdes de él...apenas inferior a un dios lo hiciste" [Salmo 8:5].*

## 2 ¿Somos nosotros capaces de saber, amar y servir a Dios fielmente por toda una vida por nuestros propios poderes?

No, es muy difícil, casi imposible, vencer el egoísmo, el amor al placer, posesiones y poder sin la ayuda de Dios.

*"Pretendían ser sabios cuando hablaban como necios. Cambiaron la Gloria del Dios inmortal por imágenes en forma de hombre mortal, de aves, de animales y de serpientes" [Romanos 1:23].*

## 3. ¿Nos ofrece Dios su ayuda?

Sí. Se llama la gracia. La gracia nos facilita vivir una nueva vida de amor sin egoísmo. Por la gracia llegamos a ser hijos adoptivos de Dios. Establece una íntima relación entre Dios y nosotros. Nos hace herederos de la felicidad en el cielo.

*"Ambos Judío y pagano pecaron y perdieron la gloria de Dios y ambos son justificados por medio del don libre de su gracia siendo redimidos en Cristo Jesús quien fué nombrado por Dios para sacrificar su vida para ganar la reconciliación por medio de la fe" (Romanos 3:24).*

## 4. ¿Cómo opera esta gracia?

Cristo murió por todos los pecadores. Por medio de su muerte El estableció una nueva relación entre Dios y la raza humana. Los que creen en El entran dentro de esta nueva relación. El estado de amistad con Dios es llamado gracia, porque viene como un favor de Dios por medio de Jesús.

*"Por medio de nuestro Señor Jesucristo, por la fe somos juzgados rectos y en paz con Dios"* [Romanos 5:1].

5. **¿Al nacer estamos dentro de esta nueva relación con Dios?**
No. Nuestra vida empieza sin la gracia. Desde la concepción estamos inclinados al egoísmo y pecado.
*"El pecado entró en el mundo por medio de un solo hombre y trajo consigo la muerte, así también la muerte pasó a toda la gente, porque todos pecaron"* [Romanos 5:12].

6. **¿Cómo recibimos la gracia de Dios?**
Una nueva relación con Dios es establecida por primera vez por medio del Sacramento del Bautismo.
*"El que no renace de agua y del Espíritu no puede entrar en el reino de Dios* [Juan 3:5].

7. **¿Puede esta relación ser intensificada?**
Sí. Es vigorizada por la oración, ayuno, obras de caridad y recepción de los demás Sacramentos, especialmente la Eucaristía.
*"Crece en la gracia y el conocimiento de nuestro Senor y Salvador, Jesucristo"* (2 Pedro 3:18).

8. **¿Puede perderse la gracia de Dios?**
Sí. Podemos romper nuestra relación con Dios al cometer un serio pecado.
*"Les ruego, queridos hermanos, como peregrinos que viven fuera de su patria, que no den lugar a los deseos humanos que atacan el alma"* [1 Pedro 1:11]

9. **¿Puede un sentimiento religioso indicar que la gracia está presente en al alma?**
No. No podemos sentir la gracia. No es voluptuosa. Sin embargo, si nosotros sinceramente tratamos de hacer lo que sabemos que es la voluntad de Dios, sentiremos la paz de Dios en nuestra mente y corazón. Esta paz es una indicación de que estamos en el estado de gracia.
*"Lucha como un buen soldado; algunos, por no haber hecho caso de su conciencia, han fracasado en su fe."* (1 Timoteo 1:19)

10. **¿Puede la gente que no conoce a Cristo o al Bautismo vivir en el estado de gracia?**
Sí. Cristo redimió a toda la gente por su pasión y muerte. El quiere que todos se salven. Son salvados los que sinceramente viven de acuerdo a su conciencia. Aunque los Cristianos son llamados a instruirlos con las enseñanzas de Cristo, aquellos que se quedan sin ser instruidos no siendo su propia falta, no son culpables de rechazarlo. Al vivir de acuerdo con su conciencia se supone que tienen deseo del Bautismo. Este deseo es suficiente para la recepción fisica de el Sacramento.

*"El quiere que todos se salven y lleguen a conocer la verdad. Hay un solo Dios, y hay uno solo que puede poner a los hombres en relación con Dios: Cristo Jesús verdadero hombre que entregó su vida para pagar el precio de la salvación de todos"* (1 Timoteo 2:4).

## PUNTOS PRACTICOS

1. Solamente una persona ha estado libre de los efectos del Pecado Original, la Santísima Virgen María. Por un privilegio especial, ella fue unida a Dios desde el primer momento de su concepción. Esta indulgencia es llamada la Inmaculada Concepción.

2. Un serio pecado destruye la relación con Dios, pero no destruye el alma. El alma, por el designio de Dios, es inmortal.

3. San Agustín hizo referencia a nuestra incorporación dentro de la vida de Dios por medio de la gracia en estas palabras: "Dios se hizo hombre, para que los hombres lleguen a ser dios."

NOTAS

_____

_____

_____

_____

_____

_____

_____

_____

_____

_____

_____

_____

_____

_____

# Lección 9: El Cielo

*"Mirad que amor nos ha tenido el Padre para llamarnos hijos de Dios, pues lo somos. El mundo no nos conoce, porque no le conoció a El. Queridos, ahora somos hijos de Dios; y no se ha manifestado lo que seremos. Sabemos que cuando se manifieste, seremos semejantes a El, porque lo veremos tal cual es."* [1 Juan 3:1-3].

### 1. ¿Qué es el cielo?

Es el lugar y estado de perfecta felicidad con Dios en la vida futura.

*"Lo que ni el ojo vio, ni el oído oyo, ni al corazón del hombre llegó, Dios lo preparó para los que le aman."* [1 Corintios 2:9].

### 2. ¿Quiénes van al cielo?

Solamente los que están en unión con Dios en el momento de la muerte.

*"Entonces dirá el rey a los de su derecha: venid, benditos de mi Padre, recibid la herencia del reino preparado para vosotros desde la creación del mundo."* [Mateo 25:34].

### 3. ¿En qué consiste la felicidad del cielo"

Consiste en ver a Dios cara a cara como El es realmente, amarlo y ser amado por El para siempre.

*"Ahora vemos en un espejo, confusamente; entonces veremos cara a cara. Ahora conozco de un modo imperfecto, pero entonces conoceré, como soy conocido."* [1 Corintios 13:12].

### 4. ¿Por qué la vida del cielo produce felicidad perfecta?

Porque Dios te hizo para El, de tal forma que encontrarás felicidad perfecta en El.

*"Nos has hecho para tí, Señor; y nuestro corazón no puede descansar sino en tí."* [S. Agustín].

### 5. ¿Tendrán todos la misma felicidad en el cielo?

No. La felicidad de algunos será mayor que la de otros, pero cada uno será tan feliz como pueda serlo.

### 6. ¿Por qué unos tendrán mas felicidad que otros?

Porque unos conocerán a Dios más plenamente y lo amarán más intensamente.

*"Porque el Hijo del Hombre ha de venir en la gloria de su Padre, con sus ángeles y entonces pagará a cada uno, según su conducta."* [Mateo 16:27]

**7. ¿Por qué unos verán a Dios con más claridad?**

Porque al morir poseerán mayor amor de Dios y mayor gracia. *"Cada cual recibirá el salario, según su propio trabajo."* [1 Corintios 3:8].

**8. ¿Cómo debes, por lo tanto, emplear tu tiempo en la tierra?**

Esforzándote para crecer en el conocimiento y amor de Dios tanto como sea posible antes de morir.

*"No trabajeis por la comida que se acaba, sino por la comida que dura y que os da la vida eterna. Esta es la comida que os dará el Hijo del Hombre."* [Juan 6:27].
*"Llega la noche cuando nadie puede trabajar."* [Juan 9:4].

**9. ¿Existe alguna tristeza o dolor en el cielo?**

No, ni habrá ninguna enfermedad, tentación o pecado, sino una completa alegría infinita.

*"Y enjugará toda lágrima de sus ojos, y no habrá ya muerte, ni habrá llanto, ni gritos, ni fatigas."* [Apocalipsis 21:4].

**10. ¿Reconocerás a tu familia y a tus amigos en el cielo?**

Sí, y también a los ángeles y a los santos.

*"Así pues, ya no sois extranjeros, ni forasteros sino conciudadanos de los santos y familiares de Dios."* [Efesios 2:19].

**11. ¿Qué te impedirá llegar al cielo?**

Morir después de haber cometido un serio pecado sin arrepentirte.

*"Nada profano entrará en ella, ni los que cometan abominación y mentira, sino solamente los escritos en el libro de la vida del Cordero."* [Apocalipsis 21:27].

**12. ¿Con qué frecuencia debes orar para llegar al cielo?**

Frecuentemente, para hacerte recordar de tu verdadero final en la vida.

*"Como jadea la sierva tras las corrientes de agua, así jadea mi alma en pos de tí, mi Dios. Tiene mi alma sed de Dios, del Dios vivo, ¿cuando podré ir a ver la faz de Dios?"* [Salmo 41:2-3].

## PUNTOS PRACTICOS

1. Nos cansamos de las cosas buenas de este mundo, porque sólo tiene un limitado grado de belleza y amabilidad. Como Dios posee todas las perfecciones en grado infinito, será para nosotros la fuente de perfecta y eterna alegría. Nunca llegaremos a cansarnos en el cielo. Y el saber que todo esto durará para siempre será motivo de nueva alegría.

2. Cuando santa Bernardita se hallaba agonizando mostró pena por la gente que no tenía suficientes deseos de ir al cielo. Mi caso no es ese, decía. Esforcémonos y padezcamos por llegar allá. Ninguna otra cosa es importante.

3. Purgatorio: Ver lección 12, página 37 para el entendimiento de la relación de los amigos de Dios en el cielo, en la tierra y los que están en el purgatorio.

NOTAS

# Lección 10: Pecado Mortal y Venial

*"Ninguno cuando se vea tentado diga: Es Dios quien me tienta; porque Dios ni es tentado por el mal, ni tienta a nadie; sino que cada uno es tentado por su propia concupiscencia que le arrastra y le seduce. Después la concupiscencia, cuando ha concebido, da a luz el pecado, y el pecado, una vez consumado, engendra la muerte." [Santiago 1:13-15].*

**1. ¿Qué es el pecado?**
El pecado es un pensamiento, palabra, deseo, acción que destruye o daña tu unión con Dios.

**2. ¿Cuándo eres culpable de pecado?**
a) Cuando te das cuenta que estás actuando en contra de tu conciencia y la ley de Dios, y
b) escoges libremente realizar tal acción.

**3. ¿Cuántas clases de pecado hay?**
Hay dos clases de pecado personal: mortal y venial (Véase la Lección 13 sobre el pecado original).

**4. ¿Qué es pecado mortal?**
Es una seria violación de la lay de Dios.
*Ejemplos: Adulterio, robar algo caro, embriagarse completamente, abuso de la esposa o los hijos.*

**5. ¿Qué produce en tí el pecado mortal?**
Destruye tu unión con Dios.
*"¿Que frutos cosechasteis entonces de aquellas cosas, que al presente os averguenzan? Pues su fin es la muerte." [Romanos 6:21].*

**6. ¿A dónde vas, si mueres en pecado mortal?**
Al infierno para siempre.
*"Tendrán su parte en el lago que arde con fuego y azufre que es la muerte segunda." [Apocalipsis 21:8].*

**7. ¿Pueden ser perdonados todos los pecados mortales?**
Sí, si te arrepientes sinceramente de ellos, y haces todo lo posible para alcanzar el perdón.

*"Si reconocemos nuestros pecados, fiel y justo es El para perdonarnos los pecados y purificarnos de toda injusticia." [1 Juan 1:9].*

**8. ¿Qué es el pecado venial?**
Es una transgresión menos seria de la ley de Dios, una ofensa no suficientemente grave como para romper la amistad con Dios. *Por ejemplo la impaciencia, los disgustos ordinarios, el robo de cosas de poco valor.*

**9. ¿Qué produce en tu alma el pecado venial?**
No destruye la unión con Dios, pero enfría el fervor de tu amor por Dios, te deshace de tu compromiso en la lucha por evitar los pecados mortales.

**10. ¿A dónde irás, si mueres en pecado venial?**
Antes de entrar al cielo tendrás que pasar por el purgatorio.

**11. ¿Puede la suma de pecados veniales constituir un pecado mortal?**
No, nunca.

**12. ¿Si haces algo malo sin saberlo, eres culpable de pecado?**
No, si por tu ignorancia o tu falta de memoria eres inculpable.

**13. ¿Eres culpable de pecado si intentas hacer alguna mala acción aunque realmente no la hagas?**
Sí, porque la intención de ofender a Dios es un pecado. *Ejemplo: Tu intentas robar un banco pero eres ahuyentado por los guardias.*

**14. ¿Qué debes hacer cuando estás en duda ya sea si algo es pecado o ya sea si es o no un pecado serio?**
Debes hacer un honesto esfuerzo para discernir la duda antes de actuar; actuar deliberadamente en cierta duda muestra negligencia y culpabilidad de ofender a Dios.

**15. ¿Qué es la tentación?**
Es la atracción a cometer pecado.

**16. ¿Puedes vencer siempre las tentaciones?**
Sí, porque la tentación te invita, pero no llega a forzar tu libre voluntad. Además Dios está siempre dispuesto a ayudarte en la lucha.
*"Fiel es Dios, que no permitirá que seáis tentados sobre vuestras fuerzas. Antes bien, con la tentación, os dará modo de poderla resistir con éxito." [1 Corintios 10:13].*

**17. ¿Qué debes hacer cuando estés tentado?**
Primero pide a Dios que te ayude, y luego ocupa tu atención en algún trabajo, lectura o ejercicio.
*No nos dejes caer en tentación y líbranos del mal [Mateo 6:13].*

**18. ¿Cómo puedes evitar las tentaciones?**
Evita personas, lugares o cosas que te guían fácilmente al pecado y pide ayuda a Dios.
*"Mi gracia es todo lo que necesitas; pues mi poder se demuestra mejor cuando la persona es débil." [2 Corintios 12:9].*

NOTAS

_____
_____
_____
_____
_____
_____
_____
_____
_____
_____
_____
_____
_____
_____
_____
_____
_____
_____
_____
_____
_____
_____
_____

# Lección 11: El Infierno

"El Hijo del Hombre enviará a sus ángeles, que recogerán de su reino todos los escándalos y a los agentes de iniquidad, y los echarán en el horno del fuego; allí será el llanto y el rechinar de dientes." [Mateo 13:41-42].

## 1. ¿Qué es el infierno?

Es un lugar y estado en la otra vida, en el que las almas de los condenados sufren para siempre en compañía de los demonios.

"Si alguno no permanece en mí, es arrojado fuera como el sarmiento y se seca; luego los recogen, los echan al fuego y arden." [Juan 15:6].

## 2. ¿Cómo sabes que existe el infierno?

Cristo reveló la horrible naturaleza del infierno.

"Entonces el Rey dirá a los que están a su izquierda: Apártense de mí, ustedes que están bajo maldición; vayanse al fuego eterno que está preparado para el diablo y sus ángeles. Y estos irán al castigo eterno, y los que resultaron justos irán a la vida eterna." [Mateo 25:41-46].

## 3. ¿Quiénes irán al infierno?

Los que mueran en pecado mortal. Los que escojan vivir separados de Dios.

"Los que no tenían su nombre escrito en el libro de la vida, fueron lanzados al fuego" [Apocalipsis 20:5].

## 4. ¿Sale alguna vez alguien del infierno?

Los que van ahí se quedan para siempre. Ya que han escogido quedarse separados de Dios para siempre. [Mateo 25:41,46.]

"El humo de su tormento sube durante todos los siglos, y no hay descanso ni de día ni de noche" [Apocalipsis 14:11).

## 5. ¿Cuáles son las penas del infierno?

Como Dios es fuente de vida, alegría y luz, las penas del infierno ocasionan obscuridad, tristeza, remordimientos y se asocia con los que odian toda bondad..

"Y si es tu ojo el que te hace caer, sácalo; porque es mejor que entres con un ojo en el reino de Dios, y no que seas echado con los dos ojos al infierno, donde los gusanos no mueren y el fuego nunca se apaga...[Marcos 9:47-48].

**6. ¿Cuál es el dolor mas intenso del infierno?**

La eterna separación de Dios, la fuente de todo el amor y la felicidad; este es el dolor y la tristeza más grande en el infierno y aún así es escogido por las almas condenadas.

*"El Señor Jesús aparecerá cuando venga del cielo entre llamas de fuego con sus ángeles poderosos. Vendrá para castigar a los que no reconocen a Dios ni hacen caso de las buenas nuevas acerca de nuestro Señor Jesucristo. Estos serán castigados con destrucción eterna, y serán echados lejos de la presencia del Señor y de su gloria y poder"* [2 Tesalonicenses 1:7-9]

**7. ¿Hay fuego verdadero en el infierno?**

Sí, Jesús a menudo habló de el "inextingible fuego" del infierno y dice que las almas condenadas serán "impregnadas con fuego" [Marcos 9:43] el cual es "fuego eterno" [Mateo 25:41].

*"El que no se quede en mí será arrojado afuera y se secará como ramas muertas; hay que recogerlas y echarlas al fuego, donde arden [Juan 15:16].*

**8. ¿En qué se diferencia el fuego del infierno al fuego de la tierra?**

Causa dolor a el alma y el cuerpo, sin consumirlos.

**9. Cuál es el dolor de la pesadumbre?**

Es el eterno remordimiento inperdonable del hecho de haber escogido vivir separado de Dios.

**10. ¿Cuál es el dolor de la compañía de los demonios?**

La miseria de la asociación eterna con los demonios y con las malvadas personas que vivieron en la tierra. El infierno es el lugar donde no existe el amor.

*"El que odia a su hermano está en la obscuridad y camina en la obscuridad."* [1 Juan 2:11].

**11. ¿Son las penas del infierno igual para todos?**

Todos los que están en el infierno tienen el mismo castigo, pero el grado de sufrimiento difiere de acuerdo a la magnitud de sus pecados.

## PUNTOS PRACTICOS

1. Piensa con frecuencia sobre el infierno y la posibilidad de deliberadamente ir ahí. Ora todos los días para que no mueras con pecado mortal en tu alma. Reza el acto de contricción todas las noches (Página 134).

2. La presunción es un pecado contra la esperanza Cristiana que deforma la verdadera idea de la misercordia de Dios. El presuntuoso no quiere aceptar la palabra de Dios en lo que se refiere al castigo de los pecadores. Espera temerariamente que Dios se muestre misecordioso con él, aún en el caso en que signifique, contradecir la justicia divina. El pecado de presunción es un insulto a la bondad de Dios y a su divina misericordia.

3. Aunque tu vida sea correcta y tengas la humilde y fundada esperanza de que te librarás del infierno, es saludable pensar con frecuencia en estas verdades. Eso te transformará en un misionero dispuesto siempre a trabajar, orar y sacrificarte para que otros no vayan al infierno.

NOTAS

_____

_____

_____

_____

_____

_____

_____

_____

_____

_____

_____

_____

_____

## Lección 12: El Purgatorio

*"Al día siguiente, los hombres de Judas, cuando se hacía ya necesario, fueron a recoger los cadáveres de los que habían caído y depositarlos con los parientes, en los sepulcros de sus padres. Entonces encontraron bajo las túnicas de cada uno de los muertos objetos consagrados a los ídolos de Yamnia, que la ley prohibe a los judíos. Fue entonces evidente para todos por qué motivo habían sucumbido aquellos hombres. Bendijeron, pues, todos las obras del Señor, Juez justo que manifiesta las cosas ocultas, y pasaron a la súplica, rogando que quedara completamente borrado el pecado cometido. El valeroso Judas recomendó a la multitud que se mantuvieran limpios de pecado, a la vista de lo sucedido, por el pecado de los que habían sucumbido. Después de haber reunido entre sus hombres cerca de dos mil dragmas, los mandó a Jerusalén para ofrecer un sacrificio por el pecado, obrando muy hermosa y noblemente, con el pesamiento puesto en la resurrección. Pues, de no esperar que los soldados caídos resucitarían, habría sido superfluo y necio rogar por los muertos; mas, si consideraba que una magnífica recompensa está reservada a los que duermen piadosamente, era un pensamiento santo y piadoso. Por eso mandó hacer este sacrificio expiatorio en favor de los muertos, para que quedaran liberados del pecado." [2 Macabeos 12:39-46].*

1. **¿Qué es el purgatorio?**
   Un lugar o un estado de castigo temporal después de la muerte, para los pecadores que han dañado su unión con Dios.
   *"El que hable palabras ofensivas contra el Espíritu Santo, no será perdonado, ni en este mundo ni en el otro." [Mateo 12:32].*

2. **¿Cómo sabemos que existe el purgatorio?**
   La Biblia, la constante enseñanza práctica de la Iglesia Católica, y también el sentido común, prueba la existencia del purgatorio.
   *"El fuego va a probar que clase de trabajo ha hecho cada uno. Si alguno ha construido un edificio que resiste el fuego, recibirá su pago; pero si lo que construyó se quema, lo perderá todo, aunque él mismo será salvado, como quien escapa de un fuego.. [1 Corintios 3:14-15].*

3. **¿Cómo es que el sentido común indica la existencia del purgatorio?**
   Solamente las personas con pecado mortal van al infierno, por otra parte, nadie puede entrar al cielo con la mínima mancha de pecado. Debe haber un lugar de reparación y purificación por estas ofensas menores e inperfecciones.

**4. ¿Quiénes van al purgatorio?**
Los que han preservado el don de la unión con Dios, pero:
a) quienes murieron culpables de pecados veniales sin arrepentirse.
b) quienes murieron sin haber hecho suficiente penitencia para intensificar su unión con Dios, o su determinación de ya no pecar.

**5. ¿Hay sufrimiento en el purgatorio para los que van ahí?**
Sí, además de ser privados temporalmente de su recompensa celestial de estar unidos a Dios, los que van al purgatorio deben sufrir la pena de purificación.
*Aunque nadie está seguro de la naturaleza de este dolor, San Agustín tuvo la creencia de que el sufrimiento de los que padecen esta santa purificación con el fuego del purgatorio es más severa que cualquier padecimiento en esta vida.*

**6. ¿Cuánto dura el purgatorio para los que van ahí?**
Nadie lo sabe. Probablemente depende del número y la seriedad de los pecados para ser reconciliado.
*"Amén yo te aseguro que no saldrás hasta que pagues el último centavo" [Mateo 5:26].*

**7. ¿A dónde van los que salen del purgatorio?**
Al cielo, para estar con Dios en completa elegría eterna.
*"Tiene mi alma sed de Dios, del Dios vivo; ¿cuando iré a ver el rostro de mi Dios? [Salmo 41:3].*

**8. ¿Puedes tu ayudar a las almas en el purgatorio?**
Puedes ayudarles mandando oficiar Misas a su intención, orando por ellas y haciendo buenas obras por ellas.
*"Mucho puede la ferviente oración del justo." [Santiago 5:17].*

**9. ¿Dice algo la Biblia respecto a la oración por los difuntos?**
Si, leemos que Judas Macabeo "envió doce mil monedas de plata a Jerusalén a fin de ofrecer un sacrificio por los pecados de los muertos" [2 Macabeo 12:43].
*"Es una buena razón ofrecer sacrificio y orar por los muertos, para que sean perdonados de sus pecados" [2 Macabeo 12:46]*

**10. ¿Cómo puedes tu librarte del purgatorio?**
Debes tratar, esforzándote en evitar toda ofensa a Dios, hasta la más pequeña, y haciendo penitencia por los pecados ya perdonados.

## PUNTOS PRACTICOS

1. En cada Misa recordamos a los vivos y muertos.

2. El día de todos los Difuntos está dedicado por la Iglesia para las oraciones especiales y Misas para todos los difuntos que están sufriendo en el purgatorio. Se celebra cada año el 2 de Noviembre.

3. Los que están en el purgatorio no pueden ayudarse a sí mismos. Como amigos de Dios debemos ayudarlos con nuestras oraciones y sacrificios. Por lo que nosotros hacemos ellos en agradecimiento oran por nosotros.

NOTAS

## Lección 13: El Pecado Original

*"Por un solo hombre entró el pecado en el mundo y así la muerte alcanzó a todos los hombres, por cuanto todos pecaron...Así como por la desobediencia de un solo hombre todos fueron constituídos pecadores, así también por la obediencia de uno solo, todos serán constituídos justos."* [Romanos 5:12-19].
Leanse los tres primeros capítulos del Génesis.

**1. ¿Qué es el pecado original?**
El pecado cometido por Adán y Eva, los primeros seres humanos.

**2. ¿Quiénes fueron Adán y Eva?**
El primer hombre y la primera mujer, de los cuales descienden todos los seres humanos en este mundo.

**3. ¿Cómo afectó al género humano el pecado de Adán y Eva?**
Por su pecado, todos los seres humanos perdieron la gracia de la unión con Dios.
*"Por la desobediencia de un solo hombre, todos fueron hechos pecadores."* [Romanos 5:19].

**4. ¿Qué otra cosa causó el pecado original?**
Ningun ser humano podría entrar al cielo; dolor y muerte entró en el mundo; la sabiduría natural disminuyó y la fuerza de voluntad se debilitó.
*"Los pensamientos del corazón humano se inclinan al mal"* [Genesis 8:21].

**5. ¿Está todavía el cielo cerrado para el género humano?**
No. Porque con la muerte de Cristo en la cruz, Dios volvió a abrir las puertas del cielo e hizo posible la unión con Dios otra vez.
*"Porque así como por Adán mueren todos, así también por Cristo serán todos vueltos a la vida"* [1 Corintios 15:22]

**6. ¿Qué pasó con las personas que murieron antes de Cristo?**
Fueron a un lugar de espera. (Limbo)
*"Remunera a los que viven de la esperanza que tienen en tí, a fin de que se vea la veracidad de tus profetas; y oye las oraciones de tus siervos."* [Eclesiástico 36:18].

**7. ¿Cómo se restablece la unión con Dios?**
El Bautismo quita el pecado original y une a la persona con Dios.
*"Si el hombre no nace del agua y del Espíritu, no puede entrar al Reino de Dios"* [Juan 3:5].

**8. ¿Ha existido algún ser humano, que haya sido preservado del pecado original?**
Sí, la Santísima Virgen María cuya alma fue creada en unión con Dios. Esto se llama la Inmaculada Concepción.
*"Y entrando el ángel donde ella estaba, dijo: alégrate, llena de gracia; el Señor está contigo."* [Lucas 1:28].

## PUNTOS PRACTICOS

1. De la forma en que Dios castigó el pecado de Adán, podemos ver qué terrible es el pecado a los ojos de Dios. Si Adán no hubiera cometido este pecado, no hubiera habido pena o muerte en el mundo ni muerte de Jesús en la cruz.

2. Cada uno nace separado de Dios y con inclinación al pecado. Esto significa que cada uno hereda una naturaleza decaída, despojada de la unión que una vez tuvo por la gracia antes del pecado de Adán, herida en sus propios poderes naturales y sujeta al dominio de la muerte. (Ver Papa Pablo VI, Credo de la Gente de Dios, par. 16)

NOTAS

_____

_____

_____

_____

_____

_____

_____

_____

_____

_____

_____

# Lección 14: Jesucristo, Nuestro Salvador

"Porque, tanto amó Dios al mundo que le dió a su único Hijo, para que todo el que crea en El, no perezca sino que tenga vida eterna. Porque Dios no ha enviado su Hijo al mundo para condenar al mundo, sino para que el mundo se salve por El" [Juan 3:16-17].

1. **¿Abandonó Dios al género humano después del pecado de Adán?**
No, El prometió enviar a un salvador al mundo y restablecer la unión entre Dios y el género humano.
"Enemistad pondré entre tí y la mujer y entre tu linaje y su linaje: él te pisará la cabeza, mientras aceches tú su calcañar." [Génesis 3:15].

2. **¿Quién es el Salvador de todas los hombres?**
Es Jesucristo, quien con su muerte en la cruz, nos ha salvado de nuestros pecados.
"Darás a luz un hijo, a quien pondrás por nombre Jesús, porque El salvará a su pueblo de sus pecados." [Mateo 1:21].

3. **¿Quién es Jesucristo?**
Es el Hijo de Dios, la Segunda Persona de la Santísima Trinidad, verdadero Dios y verdadero Hombre.
"Y yo lo he visto, y doy testimonio de que es el Elegido de Dios." [Juan 1:34].

4. **¿Quién es la Madre de Jesús?**
Es María de Nazaret, la Santísima Virgen.
"El ángel le dijo: no temas, María, pues has hallado gracia delante de Dios; vas a concebir en el seno y vas a dar a luz un hijo, a quien pondrás por nombre Jesús." [Lucas 1:30-31].

5. **¿Tuvo Jesús padre humano?**
No, porque María concibió su hijo milagrosamente, gracias al poder creador de Dios.
"El Señor, pues, les dará esta señal: La Virgen está en cinta, y da a luz un hijo varón a quien le pone el nombre de Emanuel [Isaías 7:14].

**6. ¿Quién fue, por lo tanto, San José?**
Fue el esposo de la Santísima Virgen María y el padre adoptivo de su hijo, Jesús.

*"El ángel del Señor se le apareció en sueños y le dijo: José, hijo de David, no temas tomar contigo a María, tu esposa, porque lo concebido en ella es del Espíritu Santo." [Mateo 1:20].*

**7. ¿Tuvo María otros hijos además de Jesús?**
No, ella y José vivieron como hermanos, aunque estaban casados legalmente.

*"Al sexto mes fue enviado por Dios el ángel Gabriel a una ciudad de Galilea, llamada Nazaret, a una virgen desposada con un hombre, llamado José, de la casa de David; el nombre de la virgen era María...Y el ángel le dijo...vas a concebir en el seno y vas a dar a luz un hijo...María respondió al ángel: ¿cómo será esto, puesto que no conozco varón?" [Lucas 1:26-34].*

**8. ¿Cuándo y en dónde nació Jesús?**
El nació hace cerca de 2000 años en Belén, un pequeño pueblo cerca de Jerusalén en Israel. La festividad de la Navidad conmemora el hermoso evento.

**9. ¿Dónde vivió Jesús la mayor parte de su vida?**
En el pueblo de Nazareth, hasta que El tenía cerca de treinta años

**10. ¿Cómo empleó Jesús los últimos años de su vida?**
El proclamó las buenas nuevas del amor de Dios y el perdón, realizó milagros y estableció su Iglesia.

*"Y recorría Jesús toda la Galilea, enseñando en sus sinagogas, proclamando la Buena Nueva del Reino y curando toda enfermedad y toda dolencia en el pueblo" [Mateo 4:23].*

**11. ¿Cómo fue Jesús condenado a muerte?**
Uno de sus apóstoles, Judas Iscariote, lo entregó traidoramente a sus enemigos, quienes lograron que el Gobernador Romano, Poncio Pilato, lo condenara a muerte, como Jesús mismo lo había predicho.

*"Desde entonces comenzó Jesús a manifestar a sus discípulos, que El debía ir a Jerusalén y sufrir mucho de parte de los ancianos, los Sumos Sacerdotes y los Escribas, y ser condenado a muerte, y resucitar al tercer día." [Mateo 16:21].*

**12. ¿Cuáles fueron los principales sufrimientos de Jesús?**
La agonía en el huerto, el sudor de sangre, la flagelación, la coronación de espinas, la muerte en la cruz y los sufrimientos internos del alma.

*"El ha sido herido por nuestras rebeldías, molido por nuestras culpas. El soportó el castigo que nos trae la paz y con sus heridas hemos sido curados." [Isaías 53:5].*

**13. ¿Cómo murió Jesús?**
Fue clavado en una cruz, en una colina llamada Calvario, hacia las afueras de Jerusalén; y tres horas más tarde murió.

*"El mismo que sobre el madero llevó nuestros pecados en su cuerpo, a fin de que muertos a nuestros pecados, viviéramos para la justicia, con cuyas heridas hebéis sido curados." [1 Pedro 2:24].*

**14. ¿En qué día murió Jesús?**
En Viernes. El día se a determinado Santo debido a que fué heroico: nuestra salvación.

*"Este es el mandamiento mío: que os ameis los unos a los otros, como yo os he amado. Nadie tiene mayor amor que el que da su vida por sus amigos." [Juan 15:12-13].*

**15. Cuándo Jesús murió, ¿a donde fue su alma?**
El fue a dar la bienvenida a los que lo estaban esperando con fe.

*"Muerto en la carne, vivificado en el espíritu. En el espíritu El fue ambién a predicar a los espíritus encarcelados." [1 Pedro 3:18-19].*

**16. ¿En qué día resucitó Jesús de entre los muertos?**
En Domingo, el tercer día después de su muerte, como El lo había predicho. La Festividad de la Pascua celebra el triunfo de Cristo sobre el pecado y la muerte.

*"Os trasmití, en primer lugar, lo que a mi vez recibí; que Cristo murió por nuestros pecados, según las Escrituras; que fue sepultado y que resucitó al tercer día, según las Escrituras; que se apareció a Cefas y luego a los Doce; después se apareció a más de quinientos hermanos a la vez." [1 Corintios 15:3-6].*

**17. ¿Cuánto tiempo permaneció Jesús en la tierra, después de su resurrección?**
Por cuarenta días, para fortalecer la fe de sus seguidores, para completar su misión de instruir a sus apóstoles y fundar su Iglesia.

*"A éstos mismos, después de su pasión, se les apareció, dándoles muchas pruebas de que vivía, apareciéndoseles durante cuarenta días y hablándoles acerca de lo referente al Reino de Dios."* *[Hechos 1:3].*

## 18. ¿Cuándo ascendió Jesús a los cielos?

En Jueves, cuarenta días después de su resurrección. La festividad de la Ascensión recuerda este evento.

*"El Señor Jesús, después de hablarles, fue elevado al cielo y se sentó a la diestra de Dios"* *[Marcos 16:19].*

## 19. ¿Volverá Jesús otra véz?

Sí, en el Ultimo Día, para juzgar a vivos y muertos.

*"Porque el Hijo del hombre ha de venir en la gloria de su Padre, con sus ángeles, y entonces pagará a cada uno según su conducta."* *[Mateo 16:27].*

## 20. ¿Qué hicieron los Apóstoles después de la Ascención?

Volvieron a Jerusalén y esperaron la venida del Espíritu Santo.

*"Cuando venga el Paráclito, el Espíritu de la verdad que procede del Padre, y que yo os enviaré de junto al Padre, el dará testimonio de mí."* *[Juan 15:26].*

## 21. ¿Cuándo descendió el Espíritu Santo sobre los Apóstoles?

El Domingo, diez días después de la Ascensión. La festividad de Pentecostés celebra el comienzo de la vida en público de la Iglesia.

*"Llegado el día de Pentecostés, estaban todos reunidos en un mismo lugar. De repente vino del cielo un ruido, como el de una ráfaga de viento impetuoso que llenó toda la casa, en la que se encontraban. Se les aparecieron unas lenguas como de fuego, que dividiéndose, se posaron sobre cada uno de ellos y quedaron todos llenos del Espíritu Santo."* *[Hechos 2:1-4].*

### PUNTOS PRACTICOS

1. El punto de vista de los primeros Cristianos sobre Jesús lo contienen los primeros cuatro libros del Nuevo Testamento, llamados los Evangelios, escritos por Mateo, Marcos, Lucas y Juan. Sin embargo solamente los principales sucesos de la vida de Cristo están en los Evangelios.

2. Los hermanos y hermanas de Jesús mencionados en la Biblia no fueron hijos de María sino parte de la extensa familia. Las palabras "Hermano" y "Hermana" fueron usadas por los judíos para indicar un perentezco. Esta es una práctica común entre los antepasados (Lev. 10:4, 1 Par. 23:22, Gen. 12:5 y Gen. 14:14.)

3. De los sufrimientos de Jesús, debes aprender el gran amor de Dios por la gente, la maldad del pecado y el perfecto ejemplo de paciencia en el sufrimiento. "Si cuando haces lo correcto sufres y lo tomas pacientemente, esto es aceptable ante Dios. Y así, ciertamente, has sido llamado, porque Cristo también sufrió por tí, dejándote un ejemplo para que sigas sus pasos" [I Pedro 2:20-21]. "Decía a todos: si alguno quiere venir en pos de mí, niéguese a sí mismo, tome su cruz cada día, y sígame." [Lucas 9:23].

4. "Nuestro principal estudio, por lo tanto, ha de ser meditar en la vida de Jesús. Sus enseñanzas son superiores a las de todos los santos...Pero quien entiende completamente las palabras de Cristo debe estudiarlo para conformar su vida a él." (Tomás de Kempis, La Imitación de Cristo).

NOTAS

_____

_____

_____

_____

_____

_____

_____

_____

_____

_____

_____

_____

_____

_____

# Lección 15:
## Jesucristo Verdadero Dios y Verdadero Hombre

*"El Sumo Sacerdote le preguntó de nuevo:—¿Eres tú el Cristo, el Hijo del Bendito? Jesús respondió:—Sí, yo soy; y vereis al Hijo del Hombre sentado a la diestra del Poderoso y venir en las nubes del cielo. El Sumo Sacerdote se rasgó las túnicas y dice:—¿Que necesidad tenemos ya de testigos? Habeis oído ya la blasfemia ¿qué os parece? Todos juzgaron que era reo de muerte."* [Marcos 14:61-64].

### 1. ¿Quién es Jesucristo?
Jesucristo es el Hijo de Dios, la Segunda Persona de la Santísima Trinidad, verdadero Dios y verdadero hombre.

*"Al llegar la plenitud de los tiempos envió Dios a su Hijo, nacido de mujer, nacido bajo la ley, para rescatar a los que se hallaban bajo la ley, y para que recibiéramos la filiación adoptiva."* [Gálatas 4:4-5].

### 2. ¿Es Jesucristo verdadero Dios?
Sí, es igual al Padre y al Espíritu Santo.

*"Se abrieron los cielos y vió que el Espíritu de Dios bajaba en forma de paloma y venía sobre El, y una voz que venía de los cielos decía; Este es mi Hijo amado en quien me complazco."* [Mateo 3:16-17].

*"Id, pues, y haced discípulos a todas las gentes, bautizándolas en el nombre del Padre y del Hijo y del Espíritu Santo."* [Mateo 28:19].

### 3. ¿Afirmó Jesús que era Dios?
Sí, lo afirmó ante sus Apóstoles y el pueblo, y lo ratificó bajo juramento ante el juzgado del Sanedrín.

*"El Padre y yo somos uno."* [Juan 10:30].

*"Y vosotros quién decís que soy yo? Simón Pedro le contestó:—Tú eres el Cristo, el Hijo de Dios vivo."* [Mateo 16:15-16].

### 4. ¿Cómo demostró Jesús que era Dios?
Principalmente por medio de sus milagros.

*"Si no hago las obras de mi Padre, no me creais; pero si las hago, creed por las obras, aunque a mí no me creais; y así sabreis y conocereis que el Padre está en mí y yo en el Padre."* [Juan 10:37-38].

## 5. ¿Qué es el milagro?

En general, es un acontecimiento extraordinario, que sobre pasa las leyes de la naturaleza, y que no puede ser explicado sino por el poder de Dios.

*"Para quienes creen en Dios, no se requiere explicación alguna. Para quienes no creen en él, no puede darse explicación." [Franz Werfel en La Canción de Bernardita.]*

## 6. ¿Podrá alguna vez la ciencia explicar los milagros?

No, porque sólo el poder de Dios pudo hacer que la ceguera fuera curada instantáneamente, o que los muertos resucitaran al solo mandato de su voz.

*"Jamás se ha oído decir que alguien haya abierto los ojos de un ciego de nacimiento. Si este hombre no viniera de Dios, no podría hacer nada." [Juan 9:32-33].*

## 7. ¿Cómo prueban los milagros que una afirmación es verdadera?

Un milagro sólo puede ser efectuado por el poder de Dios, y Dios no puede realizarlo para testificar una mentira.

*"Las obras que el Padre me ha encomendado llevar a cabo, las mismas obras que realizo dan testimonio de mí, de que el Padre me ha enviado. Y el Padre que me ha enviado es el que ha dado testimonio de mí." [Juan 5:36-37].*

## 8. ¿Cuáles fueron algunos de los milagros de Jesús?

Los Evangelios expresan que El curó a seis hombres ciegos, once leprosos, dos paralíticos, un sordomudo, resucitó a tres de la muerte, sacó el demonio de muchos, cambió agua en vino, calmó un tormenta, caminó en las aguas del mar, dos veces dio de comer a miles de gentes con una pocas migajas de pan y unos peces—una palabra, una mirada, un gesto, una simple palmada, y toda la naturaleza lo obedecía a amo.

*"Jesús realizó en presencia de los discípulos otras muchas señales, que no están escritas en este libro. Estas lo han sido para creais que Jesús es el Cristo, el Hijo de Dios, y para que, creyendo, tengais vida en su nombre." [Juan 20:30-31].*

## 9. ¿Cuál fue el milagro más grande de Jesús?

Su resurrección de la muerte, como lo había anunciado previamente.

*"A éstos mismos, después de su pasión se les presentó, dándoles muchas pruebas de que vivía, apareciéndoseles durante cuarenta días y hablándoles acerca de lo referente al reino de Dios."* [Hechos 1:3].

**10. ¿En qué otra forma probó Jesús que era Dios?**
Con la santidad de su vida, la excelencia de su doctrina, sus profecías y el cumplimiento de las profecías del Antiguo Testamento.

**11. ¿Qué es una profecía?**
Es la predicción cierta de un acontecimiento futuro, que no puede ser previsto por los hombres, sino solamente por Dios.

**12. ¿Se cumplieron en Jesús las profecías del Antiguo Testamento?**
Sí, algunas se referían a su origen, nacionalidad, tribu, divinidad, tiempo y lugar de su nacimiento, a la virginidad de su madre, la huida a Egipto, la traición y prácticamente todos los detalles de su pasión y muerte, como la agonía, la flagelación, las burlas, la crucifixión, la sepultura y la resurrección.

**13. ¿Cuáles son algunas de las profecías hechas por Jesús?**
Unas ya fueron cumplidas, como las relativas a su pasión, muerte y resurrección, negación de Pedro, traición de Judas, la venida del Espíritu Santo, persecución de sus discípulos, destrucción del templo de Jerusalén y predicación del Evangelio en todo el mundo.

**14. ¿Qué valor tienen estas profecías?**
Como los milagros, prueban que Jesús dijo la verdad, cuando afirmó que era Dios.
*"Las obras que hago en nombre de mi Padre son las que dan testimonio de mí."* [Juan 10:25].

**15. ¿Es Jesús verdadero hombre?**
Sí, porque tiene cuerpo y alma.

**16. ¿Es Jesús persona humana?**
No, es persona divina, la Segunda Persona de la Santísima Trinidad.
*Jesucristo posee dos naturalezas: humana y divina y sin embargo es una sola persona.*

**17. ¿Es Jesucristo a la vez Dios y hombre verdadero?**

Sí, El es el Dios de toda la eternidad pero se hizo hombre en el tiempo de hace casi dos mil años.

*"Porque en El reside toda la plenitud de la divinidad" [Colosenses 2:9].*

**18. ¿Por qué Dios se hizo hombre?**

Para salvar a la gente de sus pecados y para hacer posible que recobraran la unión con Dios y la felicidad eterna.

*"Cristo Jesús vino al mundo a salvar a los pecadores". [1 Timoteo 1:15].*

**19. ¿Cómo salvó Jesús a la humanidad?**

Ofreciendo su vida en la cruz, como sacrificio de reparación por nuestros pecados.

*"Habeis sido rescatados de la conducta necia heredada de vuestros padres, no con algo caduco, oro o plata, sino con una sangre preciosa...de Cristo." [1 Pedro 1:18].*

**20. ¿Eres salvado automáticamente por la muerte de Jesús?**

No, porque su muerte únicamente da la posibilidad de que te salves. Necesitas cooperar en la fe con Cristo.

*"Trabajad con temor y temblor por vuestra salvación." [Filipenses 2:12].*

**21. ¿Qué es necesario para salvarse?**

Tienes que participar dentro del contacto espiritual con la muerte salvadora de Jesús por la fe y el Bautismo, amando a Dios y a tus semejantes, obedeciendo sus mandamientos, recibiendo los otros Sacramentos especialmente la Santa Comunión, orando y haciendo buenas obras, preservando la amistad con Dios hasta la muerte.

*"No todo el que diga: Señor entrará en el reino de los cielos, sino el que haga la voluntad de mi Padre celestial." [Mateo 7:21].*

NOTAS

_____

_____

_____

_____

# Lección 16: La Iglesia

*"Y vosotros quién decís que soy yo. Simón Pedro le contestó:—Tú eres el Cristo, el Hijo de Dios vivo. Tomando entonces la palabra Jesús le respondió:—Bienaventurado eres Simón hijo de Jonás, porque no te ha revelado esto la carne ni la sangre, sino mi Padre que está en los cielos. Y yo, a mi vez te digo que tú eres Pedro, y sobre esta piedra edificaré mi Iglesia, y las puertas del Hades no prevalecerán contra ella." [Mateo 16:16-18].*

*"Jesús se acercó a ellos y les habló así:—Me ha sido dado todo poder en el cielo y en la tierra. Id pues y haced discípulos a todas las gentes, bautizándoles en el nombre del Padre y del Hijo y del Espíritu Santo, y enseñándoles a guardar todo lo que yo os he mandado. Y sabed que yo estoy con vosotros todos los días hasta el fin del mundo." [Mateo 28:18-20].*

1. **¿Quiso Dios que fuera la Biblia la única guía de salvación?**
   No, porque ciertas cosas en la Biblia pueden ser mal interpretadas y porque la Biblia no da respuestas especificas a todos los problemas morales.
   *"Ante todo, tened presente que ninguna profecía de la Escritura puede interpretarse por cuenta propia." [2 Pedro 1:20].*
   *"Lo escribe también en todas las cartas, cuando habla en ellas de esto. Aunque hay en ellas cosas difíciles de entender que los débiles interpretan torcidamente, como también las demás Escrituras, para su propia perdición." [2 Pedro 3:16].*

2. **¿Qué hizo Jesús para asegurarse que su enseñanza fuera entendida y aplicada correctamente?**
   Estableció la Iglesia.
   *"Para que sepas cómo hay que portarse en la casa de Dios, que es la Iglesia de Dios vivo columna y fundamento de la verdad." [1 Timoteo 3:14].*

3. **¿Cuándo estableció Jesucristo su Iglesia?**
   Hace cerca de dos mil años.

4. **¿Cuántas iglesias estableció Jesús?**
   Solamente una.
   *"Sobre ésta piedra edificaré mi Iglesia." [Mateo 16:18].*
   *"Habrá un solo rebaño, un solo pastor." [Juan 10:16].*

**5. ¿Hasta cuando quiere Jesús que perdure la Iglesia?**
Hasta el fin del mundo.
*Y sabed que yo estoy con vosotros todos los días, hasta el fin del mundo." [Mateo 28:20].*

**6. ¿Puedes actualmente reconocer a su Iglesia?**
Sí, es la Iglesia con una línea directa a los apóstoles, su historia y autoridad: Es universal, santa y tiene unidad; no puede enseñar errores morales o de doctrina y no puede ser destruida.
*"Enseñándoles a guardar todo lo que yo os he mandado." [Mateo 28:20].*

**7. ¿Qué Iglesia presenta estas cualidades?**
Unicamente la Iglesia Católica.
*"Quien a vosotros escucha, a mí me escucha, quien a vosotros rechaza, a mí me rechaza; quien me rechaza a mí, rechaza a Aquel que me ha enviado." [Lucas 10:16].*

**8. ¿Por qué es tan importante la unión directa con los Apóstoles?**
Porque a ellos otorgó Cristo la autoridad de gobernar y enseñar.
*"Como el Padre me envió, también yo os envío." [Juan 20:21].*
*"Me ha sido dado todo poder en el cielo y en la tierra. Id pues y haced discípulos a todas las gentes...enseñándoles a guardar todo lo que yo os he mandado." [Mateo 28:18-20].*

**9. ¿Por qué la Iglesia de Jesús se llama "Católica"?**
Porque está destinada a todas las personas, de todos los tiempos y naciones, y porque transmite todas las enseñazas de Jesús. Católica significa universal.

**10. ¿Cuándo se empleó el nombre de Católica para designar la Iglesia de Jesús?**
En el año 110 escribió San Ignacio de Antioquía; "Donde está Jesucristo, allí está la Iglesia Católica." (Ad Smyr. 8,2).
*"La Iglesia es llamada Católica por todos sus enemigos, así como por su propios hijos. Los herejes y cismáticos no pueden designar a la Iglesia con otro nombre que el de Católica, pues no serían comprendidos, si no usaran el nombre, por el cual es conocida en todo el mundo." [S. Agustín siglo III, De vera Religione].*

11. **¿Se encuentra la Iglesia Católica extendida por todo el mundo?**
Sí, sus cerca de 1,000,000,000 de miembros son de todas las razas y color en todas las secciones del mundo. (Ver La Iglesia Católica: USA/Mundo— dentro de la cubierta posterior)
*El maravilloso crecimiento de la Iglesia, a pesar de enormes y terribles persecuciones es signo manifiesto de que es la Iglesia de Jesús.*

12. **¿Por qué decimos que la Iglesia Católica es santa?**
a) Porque su fundador Jesucristo, es santo.
b) Porque enseña doctrinas santas.
c) Porque ofrece a sus miembros lo que es necesario para llevar una vida santa.
d) Porque millares de sus miembros de toda raza, tiempo y lugar y de todo género de vida han llegado a ser santos.

13. **¿Qué significa la unidad de la Iglesia Católica?**
Significa que todos los Católicos de todo el mundo:
a) Creen en las mismas verdades.
b) Obedecen a las mismas leyes.
c) Reciben los mismos sacramentos.
d) Están todos unidos bajo la autoridad del Sumo Pontífice.
*"No ruego solo por éstos, sino también por aquellos, que por medio de su palabra, creerán en mí. Que todos sean uno. Como tú, Padre en mí y yo en tí, que ellos también sean uno en nosotros." [Juan 17:20-21].*

14. **¿Por qué la Iglesia Católica jamás puede enseñar lo erróneo?**
La Biblia le nombra a la Iglesia el Cuerpo de Cristo. Si la iglesia pudiera cometer un error en su enseñanza religiosa oficial, pudiera decirse que Jesús enseñó lo erróneo. Así que Dios previene esto con su ayuda especial.

15. **¿Podemos decir que cuando la Iglesia enseña doctrinas oficiales de fe y valores morales es el mismo Jesucristo enseñando en el mundo?**
Sí, porque:
a) En alguna forma la Iglesia viene a ser el mismo Cristo. San Pablo llama a la Iglesia "Cristo." [1 Corintios 12:12]. Jesús se identifica con su Iglesia y habla de ella como de sí mismo. [Hechos 9:4].
b) Jesús afirmó que escuchar a su Iglesia significaba escuchar a El mismo.

*"Quien a vosotros escucha, a mí me escucha; quien a vosotros rechaza, a mí me rechaza." [Lucas 10:16].*

**16. ¿Qué don especial concedió Jesús a su Iglesia para salvaguardarla de error?**

Envió al Espíritu Santo, la Tercera Persona de la Santísima Trinidad, para que habitara en su Iglesia y sus miembros, y la guiara a la plenitud de la verdad.

*¿No sabeis que soís santuario de Dios, y que el Espíritu de Dios habita en vosotros?" [1 Corintios 3:16].*

*"Cuando venga él, el Espíritu de la verdad, os guiará hasta la verdad completa." [Juan 16:13].*

**17. ¿Por qué no puede jamás ser destruida la Iglesia Católica?**

Porque Jesús prometió que "las puertas del Hades no prevalecerán contra ella." [Mateo 16:18].

*"El Dios del cielo hará surgir un reino que jamás será destruido." [Daniel 2:44].*

**18. ¿Existe obligación de pertenecer a la Iglesia Católica?**

Sí, ella es una especie de sacramento, de signo de nuestra unión con Dios; es el instrumento establecido por Jesús para unirnos a El, como a nuestro Salvador personal.

*"Por lo cual no podrían salvarse aquellos hombres que, conociendo que la Iglesia Católica fue instituida por Dios, a través de Jesucristo, como necesaria, sin embargo se negasen a entrar o perseverar en ella." [Con. Vat. II, Iglesia n. 14]*

### PUNTOS PRACTICOS

1. La Iglesia Católica trata a los miembros de otras iglesias Cristianas con respeto y afecto, como a hermanos. Sabemos que todos los que creen en Cristo Jesús y han sido bautizados válidamente, de hecho han establecido alguna unión, aunque imperfecta con la Iglesia Católica.

2. "Sin embargo, los hermanos separados de nosotros...no disfrutan de aquella unidad que Jesucristo quizo dar a todos aquellos que regeneró y vivificó para un solo cuerpo y una vida nueva...Porque únicamente por medio de la Iglesia Católica de Cristo, que es el auxilio general de salvación, puede alcanzarse la total plenitud de los medios de salvación. Creemos que el Señor encomendó todos los bienes de la Nueva Alianza a un único Cuerpo de Cristo en la tierra, al cual es necesario que se incorporen plenamente todos los que de algún modo pertenecen ya al Pueblo de Dios." [Conc. Vat. II Ecumenismo, n.3].

# Lección 17:
## El Vinculo De Unión En La Iglesia

*"Díceles:—Y vosotros, ¿quien decís que soy yo? Simón Pedro le contestó:—Tú eres el Cristo, el Hijo de Dios vivo. Tomando entonces la palabra, Jesús le respondió:—Bienaventurado eres Simón, hijo de Jonás, porque no te ha revelado esto la carne ni la sangre, sino mi Padre que está en los cielos. Y yo, a mi vez, te digo que tú eres Pedro y sobre esta piedra edificaré mi Iglesia; las puertas del Hades no prevalecerán contra ella. A ti te daré las llaves del Reino de los Cielos; y lo que ates en la tierra, quedará atado en los cielos y lo que desates en la tierra, quedará desatado en los cielos." [Mateo 16:15-19].*

1. **¿Qué hizo Jesús para asegurar que su Iglesia permaneciera siempre unida?**
   Envió al Espíritu Santo para que habitara en su Cuerpo, que es la Iglesia y uniera los miembros unos con otros y consigo mismo, como Cabeza de este cuerpo.
   *"Nos concedió participar de su Espíritu, quien, siendo uno solo en la Cabeza y en los miembros, vivifica todo el cuerpo, lo une y lo mueve." [Conc. Vat. II, Ecumenismo n.7].*
   *"Poniendo enpeño en conservar la unidad del Espíritu con el vínculo de la paz. Un solo Cuerpo y un solo Espíritu, como una es la esperanza, a que habeis sido llamados. Un solo Señor, una sola fe, un solo bautismo, un solo Dios y Padre de todos." [Efesios 4:3-6].*

2. **¿Cuál es el principal instrumento de que se sirve el Espíritu Santo para enseñar a la Iglesia y unificarla?**
   Es el Papa, obispo de Roma y Vicario de Cristo en la tierra.
   Es la Cabeza visible de toda la Iglesia Católica.
   *"Yo resucitaré, a mi siervo David para ponérselo al frente, un solo pastor que las apacentará." [Ezequiel 34:23].*

3. **¿Quién fue el primer Papa?**
   San Pedro que fué constituído Papa por el mismo Jesucristo.

4. **¿Cuándo constituyó Jesús a Pedro como primer Papa?**
   Poco antes de subir a los cielos, Jesús concedió a Pedro toda autoridad sobre la Iglesia. Algunos meses antes había prometido hacerlo.

"Y yo, a mi vez, te digo que tú eres Pedro y sobre esta piedra edificaré mi Iglesia...a tí te daré las llaves del Reino de los Cielos." [Mateo 16:18-19].
"Le dice Jesús: apacienta mis corderos...apacienta mis ovejas." [Juan 21:15-17].

## 5. ¿La autoridad de Pedro desapareció con su muerte?

No, sino que fue transmitida a un hombre llamado Lino, y después que él murio a otra persona, y así sucesivamente a lo largo de dos mil años.

*"Para encontrar en el mundo a la verdadera Iglesia de nuestro Señor, debes encontrar a Pedro a su legítimo Sucesor. Donde está Pedro, allí está la Iglesia." [S. Ambrosio, siglo IV]. (Vea pag. 144: La lista de los supremos pontifices romanos.)*

## 6. ¿Nos exige Jesús que sigamos el Papa en materia de fe y moral?

Sí, porque la obediencia y fidelidad al Papa son los primeros requisitos establecidos por nuestro Señor para mantener la unidad de la Iglesia.

*"Lo que ates en la tierra quedará atado en los cielos." [Mateo 16:19]*
*"Que todos sean uno, como Tú, Padre, en mí y yo en tí. Que ellos también sean uno en nosotros." [Juan 17:21].*

## 7. ¿Puede el Papa equivocarse cuando enseña doctrina o moral?

No. Cuando el Papa habla solemnemente, como Cabeza de la Iglesia no se equivoca, porque goza de especial protección contra el error. Dios le concede una salvaguarda espiritual en favor de todos los miembros de la Iglesia.

### PUNTOS PRACTICOS

1. El Espíritu Santo habita en todos los miembros de la Iglesia y los asiste con su gracia, según la diversidad de oficios y tareas. De este modo guía a la Iglesia, le infunde vida y le asegura la unidad. "Como Cristo es la Cabeza de la Iglesia, el Espíritu Santo es su alma." [León XIII].

2. El Papa vive en la Ciudad del Vaticano, un pequeño territorio independiente dentro de la ciudad de Roma, Italia. El es el Obispo de Roma. Desde el tiempo de San Pedro, el Papa ha sido siempre el Obispo de Roma. Cuando el Papa muere, los Cardenales en nombre de la gente de Dios, eligen su sucesor.

# LOS SACRAMENTOS

En nuestra vida natural nacemos, crecemos, nos alimentamos, nos recuperamos de las enfermedades, somos sustentados. Nuestra vida de unión con Dios en el plan de Dios es en una forma muy similar. Para poder ayudarnos a entender y apreciar esto Jesús nos dió unos signos visibles para asesorarnos en el entendimiento de la vida espiritual y el crecimiento de la vida divina en nosotros. Ellos son llamados signos sacramentales, no solamente nos ayudan a entender lo que no podemos ver sino también que podemos usar estos signos para sustentar la vida de Cristo en nosotros. Los Sacramentos con sus ceremonias no solamente nos instruyen, realmente nos dan las Vida Divina. Además de eso, cuando los recibimos merecidamente con fe y reverencia, estamos adorando a Dios.

Los Sacramentos son una muestra mas del amor que Dios nos tiene y de su voluntad de ayudarnos a ir al cielo. En la Iglesia Católica, por lo tanto, se considera "de capital importancia que los fieles comprendan fácilmente los signos sacramentales y reciban, con la mayor frecuencia posible, aquellos Sacramentos que han sido instituídos para alimentar la vida Cristiana." (Conc. Vat. II, Liturgia n.59).

# Lección 18: Los Siete Sacramentos

## ETERNA UNION CON DIOS ES NUESTRA META

*"Por eso os digo: no andeis preocupados por vuestra vida, qué comereis, ni por vuestro cuerpo, con qué os vestireis. ¿No vale más la vida que el alimento y el cuerpo más que el vestido? Mirad las aves del cielo: no siembran, ni cosechan, ni recogen en graneros; y vuestro Padre celestial las alimenta. ¿No valeis vosotros mucho más que ellas? Por lo demás, ¿quién de vosotros puede, por más que se preocupe, añadir un solo codo a la medida de su vida? Y del vestido ¿por qué preocuparos? Observad los lirios del campo cómo crecen. No se fatigan, ni hilan. Pero yo os digo que ni Salomón, con toda su gloria, se pudo vestir como uno de ellos. Pues, si a la hierba que hoy esta en el campo y mañana se echa al horno, Dios así la viste, ¿no lo hará mucho más con vosotros, hombres de poca fe? No andeis, pues, preocupados diciendo qué vamos a comer, qué vamos a beber o con qué nos vamos a vestir. Que por todas estas cosas se afanan los gentiles; y ya sabe vuestro Padre celestial que teneis necesidad de todas ellas. Buscad primero su Reino y su justicia y todas esas cosas se os darán por añadidura."* [Mateo 6:25-33].

1. **¿Cuáles son las cosas que más valen en la vida?**
   Las cosas que con seguridad aumentan y profundizan nuestra unión con Dios.
   *"Cristo está presente con su virtud en los Sacramentos, de modo que, cuando alguien bautiza, es Cristo quien bautiza."* [Conc. Vat. II Liturgia n.7].

2. **¿Cómo es la gracia de la unión profundizada y aumentada en nosotros?**
   Por medio de aquellos actos simbólicos, que Cristo instituyó en su Iglesia, y que se llaman Sacramentos.
   *"El Reino de los cielos es semejante a un tesoro escondido en un campo, que al encontrarlo un hombre, lo vuelve a esconder, y por la alegría que le da, va, vende todo lo que tiene y compra el campo aquel."* [Mateo 13:44].

3. **¿Qué es un Sacramento?**
   Es un signo externo instituido por Jesucristo para concederte su vida. En el caso de los Sacramentos, el signo es un acto que la Iglesia realiza con unas ceremonias en las cuales Cristo está presente con su poder haciendo por nosotros espiritualmente lo que la acción externa indica.

*"Yo he venido para que tengan vida y la tengan en abundancia".*
*[Juan 10:10].*

**4. ¿A qué nos referimos aquí cuando decimos "signo externo"?**
Que se trata de algo que se puede ver, oír, sentir y que a su vez indica realidades, que no se pueden probar.

**5. ¿En qué sentido los Sacramentos son signos externos?**
Veámoslo en un ejemplo: el signo externo del Sacramento del Bautismo es la acción de lavar con agua; y significa la purificación interna del pecado y el nacimiento espiritual a la vida de gracia, hechos que efectivamente tienen lugar.

**6. ¿En qué se diferencian los Sacramentos de otros signos externos?**
Además de que muestran o significan que estamos recibiendo la vida divina, realmente nos dan la gracia. No solamente son signos de gracia sino también las causas de la gracia.
*"Por lo tanto su divino Fundador está junto a su Iglesia presente...en los Sacramentos, infundiendo en ellos el poder que los hace instrumentos aptos de santificación." [Pio XII Sagrada Liturgia n.20].*

**7. Describe los Siete Sacramentos que Jesús nos dio.**
EL BAUTISMO que borra el Pecado Original y todo pecado personal mientras nos une a Cristo y a su pueblo.
LA CONFIRMACION profundiza nuestra unión con Cristo y nos ayuda a proclamar nuestra fe en El ante el prójimo.
LA SAGRADA EUCARISTIA nos da el Cuerpo y la Sangre de Jesús como nuestro alimento espiritual para nutrir nuestra unión con El.
LA PENITENCIA restituye nuestra unión con Cristo, interrumpida por nuestros pecados.
LA UNCION DE LOS ENFERMOS enmienda y fortalece nuestra unión con Cristo en casos de seria enfermedad.
LAS ORDENES SAGRADAS dan al hombre el poder de unir o reunir a los creyentes con Dios, como un diácono, sacerdote u obispo.
EL MATRIMONIO Hace al hombre y la mujer esposo y esposa y les otorga la gracia para vivir con Dios y para los dos.

**8. ¿Confieren siempre gracia los Sacramentos?**
Sí, si los recibes dignamente.

**9. Enumera algunos ejemplos de recepción indigna de Sacramentos.**
Por ejemplo recibir la sagrada Comunión, el Matrimonio, las Ordenes Sagradas en pecado mortal; no estar sinceramente arrepentido de los pecados mortales en la Confesión, o callar algunos.

**10. ¿Es pecado recibir los Sacramentos indignamente?**
Sí, es pecado mortal y se llama sacrilegio, que quiere decir abuso de las cosas sagradas.

**11. ¿En qué se diferencian los siete Sacramentos?**
Además de dar o incrementar la vida de Dios en nosotros, que es el efecto de todos los Sacramentos, cada Sacramento otorga su ayuda especial llamada gracia sacramental.
*Por ejemplo, la Confirmación da fortaleza para ser Católicos valerosos. El Matrimonio otorga ayuda especial para vivir la vida conyugal en conformidad con las leyes de Dios.*

**12. ¿Cuántas veces puedes recibir el Bautismo, la Confirmación y las Ordenes Sagradas?**
Solo una vez porque establecen una relación permanente con Cristo y una persona.
*En el Bautismo nos hacemos hijos de Dios. En la Confirmación nos convertimos en maduros seguidores de Cristo. En la ordenación un hombre llega a ser sacerdote para siempre. Cada etapa es irreversible por lo tanto estos sacramentos son recibidos solo una vez.*

**13. ¿Cuántas veces puedes recibir la Sagrada Comunión y la Penitencia?**
Cada día, si lo deseas. No hay límite para la Penitencia. En cuanto a la Comunión, por regla general, se recibe una sola vez al día. Sin embargo hay algunas excepciones.
*Salvas las normas relativas a la frecuencia de la Comunión, el ideal es recibirla siempre que se asista a la Santa Misa.*

**14. ¿Cuántas veces se puede recibir el Sacramento del Matrimonio?**
Solamente una vez, a menos que muera el consorte.

**15. ¿Cuántas veces puedes recibir la Unción de los Enfermos?**
Siempre que te encuentres en peligro de muerte, debido a enfermedad o edad avanzada.

*El sacramento puede repetirse, si después de recobrar la salud, la persona cae otra vez en el mismo peligro, o si en el decurso de la misma enfermedad el peligro se agrava.*

## 16. ¿Quién es el ministro de los Sacramentos?

a) El Sacerdote administra el Bautismo, Santa Comunión, Penitencia, y Unción de los Enfermos. Diaconos, como sacerdotes, son ministros ordinarios del Bautismo y la Santa Comunión. *Cualquiera puede bautizar en peligro de muerte. Así mismo en determinadas circunstancias algunas personas seglares pueden ser autorizadas para repartir la sagrada Comunión.*

b) Los Obispos administran la Confirmación y las Ordenes Sagradas. *En ciertas circunstancias los sacerdotes reciben autorización para administrar la Confirmación.*

c) En el Matrimonio los verdaderos ministros del sacramento son los esposos. *El sacerdote es un testigo oficial por la ley de la iglesia.*

## PUNTOS PRACTICOS

1. Entre más grande sea la disposición para recibir los sacramentos, o sea, entre más fe, amor y arrepentimiento tengas por los pecados más abundante será el fruto que produzcan en tu vida.

2. Después que Jesús dio los Sacramentos a la Iglesia, ésta los ha rodeado de hermosas ceremonias, que en la actualidad forman parte de la adoración oficial de la Iglesia y constituyen la Liturgia.

3. Cada ceremonia litúrgica es una acción de Cristo, Sacerdote y de su Cuerpo, que es la Iglesia; es una acción sagrada de imponderable valor. Por esto, los sacramentos son tan valiosos y tan necesarios para el desarrollo de la vida Cristiana.

NOTAS

_____

_____

_____

_____

_____

# Lección 19: El Sacramento Del Bautismo

*"En verdad, en verdad te digo: el que no nazca de lo alto, no puede ver el Reino de Dios. Dícele Nicodemo: pero ¿cómo puede uno nacer, siendo ya viejo? ¿Puede acaso entrar otra vez en el seno de su madre y nacer? Respondió Jesús: en verdad, en verdad te digo: el que no nazca de agua y de Espíritu no puede entrar en el Reino de Dios."* [Juan 3:3-7].

**1. ¿Qué es el Bautismo?**

Es el sacramento del renacimiento espiritual, en el que recibimos la participación de la vida divina, la cual nos hace hijos de Dios y herederos del cielo.

**2. ¿Qué produce el Bautismo en nosotros?**

a) Nos purifica del pecado original, de todos los pecados personales y de la pena temporal debida por los pecados.

b) Nos da una participación en la Vida Divina, acercándonos en contacto espiritual con la muerte salvadora y resurrección de Cristo. [Colosenses 2:12; Romanos 6:4].

c) Nos transforma en miembros vivos de su Cuerpo, que es la Iglesia.

d) Nos lleva a la santidad con los dones del Espíritu Santo.

e) Nos confiere el derecho y el deber de tomar parte en la obra de Cristo, Sacerdote, Maestro y Rey.

**3. ¿Por qué debes ser bautizado?**

El Bautismo es tu renacimiento dentro de la Vida Divina; sin esta gracia simplemente no puedes vivir con Dios y los Santos en el cielo.

*"En verdad, en verdad te digo: el que no nazca de agua y de Espíritu no puede entrar en el Reino de Dios."* [Juan 3:5].

**4. ¿Qué clase de pecado es retardar el Bautismo?**

Un serio pecado una vez que has llegado a entender lo necesario que es el Bautismo para la Salvación.

*"Y ahora qué esperas. Levántate, recibe el Bautismo y lava tus pecados, invocando su nombre."* [Hechos 22:16].

**5. ¿Qué tienen que hacer los adultos para ser bautizados?**

a) Entrar al catecumenado y tomar el curso de instrucciones aprobado por los Obispos.

b) Arrepentirse de sus pecados y hacer la resolución de evitar futuros pecados.

c) Tener una buena intención.

*Buena intención aquí significa que deseas hacer la voluntad de Dios para poder ser salvado.*

### 6. ¿Quién administra el Bautismo?

Ordinariamente, el sacerdote o el diácono, pero cualquier persona puede bautizar en caso de emergencia.

### 7. ¿Cómo se administra el Bautismo?

Es administrado por inmersión o derramamiento de agua sobre la frente de la persona que se está bautizando y se dice: "Yo te bautizo en el nombre del Padre y del Hijo y del Espíritu Santo" [Mateo 28:19].

### 8. ¿Qué son los padrinos en el Bautismo?

Son testigos oficiales y guardianes que asumen la responsabilidad de ayudar al niño en lo espiritual para que permanezca fiel a Cristo. *Un padrino debe ser un buen Católico. Un bautizado y Cristiano creyente de otra iglesia puede actuar como testigo junto con los padrinos. Los padrinos deben ser instruidos por el párroco sobre sus obligaciónes.*

### 9. ¿Por qué adoptas el nombre de un Santo en el Bautismo?

Adoptas el nombre de un Santo para invocar a ese Santo para que te proteja y tener a alguien a quien imitar.

### 10. ¿Deben ser bautizados los bebés?

Sí, porque son afectados por el pecado original, y necesitan la gracia Divina.

### 11. ¿Cuándo debe ser bautizado un niño pequeño?

Tan pronto como sea posible, ciertamente dentro de las dos o tres primeras semanas después de nacido. *Es pecado grave diferir por mucho tiempo el Bautismo de un niño.*

## PUNTOS PRACTICOS

1. Una madre Católica que va a dar a luz en un hospital no Católico, debe avisar a los médicos y enfermeras que es Católica, y que si se presenta peligro de muerte para su hijo, llamen inmediatamente al párroco. En caso de peligro de muerte, el médico o la enfermera deben bautizar al niño; incluso en el mismo seno materno, si es necesario.

2. Si ocurre un aborto, toda la sustancia procedente del vientre debe de inmediato sumergirse en el agua, y quien lo hace, debe al mismo tiempo pronunciar las palabras: "Yo te bautizo en el nombre del Padre y del Hijo y del Espíritu Santo." El agua debe correr por la piel del feto o del embrión; por lo tanto será necesario romper la membrana de protección que rodea al cuerpo.

3. Si alguna persona debidamente bautizada en una iglesia protestante, desea convertirse al Catolicismo, tiene primeramente que instruirse en las verdades fundamentales y hacer la profesión de fe. Luego, si existe duda razonable respecto a la validez del bautismo anterior, el nuevo miembro, antes de incorporarse a la Iglesia Católica, debe recibir un bautismo condicional. Puede usarse la siguiente fórmula: "Si no has sido válidamente bautizado, ahora te bautizo en el nombre del Padre, etc."

4. El Bautismo nos llama a una vida de santidad, semejante a la de Cristo, a una vida de esfuerzo para alcanzar la santidad que quiere Dios. En la unción del Bautismo los Cristianos reciben "el signo y el don de tan gran vocación y gracia, a fin de que aún dentro de la flaqueza humana puedan y deban aspirar a la perfección, según la palabra del Señor: "Sed, pues, vosotros perfectos, como vuestro Padre celestial es perfecto." (Conc. Vat. II Sacerdotes n. 12).

NOTAS

_____

_____

_____

_____

_____

_____

# Lección 20:
## El Sacramento De La Confirmación

*"Al enterarse los Apóstoles que estaban en Jesuralén de que Samaria había aceptado la palabra de Dios, les enviaron a Pedro y a Juan. Estos bajaron y oraron por ellos para que recibieran el Espíritu Santo, pues todavía no había descendido sobre ninguno de ellos; únicamente habían sido bautizados en el nombre del Señor Jesús. Entonces les imponían las manos y recibían el Espíritu Santo." [Hechos 8:14-18]*

**1. ¿Qué es la Confirmación?**

La Confirmación es el Sacramento que fortalece la unión del alma con Dios y la Iglesia. Te concede la ayuda para vivir una forma de vida Cristiana fielmente.

*La Confirmación junto con el Bautismo y la Sagrada Comunión, completan la iniciación en la vida Cristiana y la incorporación a la comunidad de la Iglesia.*

**2. ¿Por qué se dice que la Confirmación es como un nuevo Pentecostés?**

Porque al recibir este Sacramento, recibes fuerzas especiales del Espíritu Santo para dar testimonio de Cristo, como lo dieron los Apóstoles.

**3. ¿Cuáles son las gracias de este Sacramento?**

a) Aumento de la gracia santificante, que nos hace participantes de la vida divina.

b) Concesión de la gracia sacramental, que consiste en la fortaleza para luchar contra las tentaciones y dificultades, para dar testimonio de Cristo, defender y propagar la fe Católica y extender la Iglesia.

**4. ¿Es un pecado ignorar la Confirmación?**

Sí, aunque la Confirmación no es estrictamente necesaria para la salvación, menospreciar tan admirable don de Dios, no deja de ser un error moral.

**5. ¿Quién administra la Confirmación?**

Ordinariamente el Obispo, especialmente cuando es administrada a un grupo numeroso.

*"Cuando se bautizan adultos, o cuando los adultos ya bautizados se incorporan plenamente a la Iglesia Católica, el sacerdote que celebra la ceremonia, tiene facultad de administrar el sacramento de la Confirmación.*

**6. ¿Qué es necesario para recibir este sacramento dignamente?**
Estar bautizado como Católico, hallarse en estado de gracia y haber sido instruido en la religión Católica.

**7. ¿Tienes un padrino para la Confirmación y asumes el nombre de un santo, como en la ceremonia del Bautismo?**
Sí, y por la vinculación que existe entre el Bautismo y la Confirmación se recomienda adoptar el mismo padrino y el mismo nombre.

**8. ¿Qué se debe esperar del Católico confirmado?**
Los Católicos confirmados deben vivir lo que profesan. Promoviendo justicia y practicando caridad auxilian a la Iglesia en su misión de ayudar a toda la gente a conocer y creer en Cristo.
*"A todos los Cristianos se impone la gloriosa tarea de trabajar para que el mensaje divino de la salvación sea conocido y aceptado en todas partes por todos los hombres." [Conc. Vat. II Seglares n.3].*

**9. ¿Cómo se administra la Confirmación?**
El Obispo extiende las manos sobre los que van a confirmarse y ora por ellos. Luego impone las manos a cada persona y le hace el signo de la cruz en la frente con el Sagrado Crisma.

**10. ¿Qué palabras pronuncia el Obispo, al ungir con el crisma?**
"N., Recibe por esta señal el Don del Espiritu Santo."

**11. ¿Qué es el Sagrado Crisma?**
Es una mezcla de aceite de oliva y bálsamo. El crisma es bendecido cada año en la Misa, que celebra el Obispo, el Jueves Santo.
*"La unción con aceite es símbolo de la fortaleza interna que recibes del Espíritu Santo en la Confirmación.*

**12. ¿Por qué la Iglesia fomenta el uso de santos oleos, agua bendita, velas, palmas, cenizas, etc.?**

La Iglesia adhiere una oración a el natural o tradicional simbolismo de estos objetos que nos ayudan a recordar el cuidado providencial de Dios, si los usamos respetuosamente. El aceite calma, el agua limpia y refresca, las velas alumbran la obscuridad, las palmas recuerdan la victoria, las cenizas la tristeza. La bendición especial de la Iglesia hace a los objetos sacramentales—signos sagrados del empeño de Dios en nuestro bienestar.

## PUNTOS PRACTICOS

1. Nunca olvides que el principal propósito de la Confirmación (tu Pentecostés personal) es para hacerte un testigo Cristiano. "Recibirán poder cuando el Espíritu Santo venga a ustedes y serán mis testigos en Jerusalén y en toda Judea y Samaría y hasta los confines de la tierra." [Hechos 1:8]

2. Este llamado a dar testimonio, con frecuencia se refiere a un llamado al apostolado, es tu deber y responsabilidad como bautizado y confirmado Católico. "Por el Sacramento de la Confirmación se vinculan más estrechamente a la Iglesia, se enriquecen con una fuerza especial del Espíritu Santo, y con ello quedan obligados mas estrechamente a difundir y defender la fe; por la palabra y juntamente con las obras como verdaderos testigos de Cristo." (Concilio Vaticano II, La Iglesia, par. 11)

3. El testimonio del buen ejemplo, aunque es muy valioso, no es suficiente. "Un verdadero apóstol busca la oportunidad para anunciar a Cristo con palabras dirigidas ya sea a los no creyentes para guiarlos a la fe o a los creyentes con el objeto de instruirlos, fortalecerlos y motivarlos hacia una vida más ferviente. (Concilio Vaticano II, Laicos, par. 6)

NOTAS

_____
_____
_____
_____
_____

# Lección 21:
## El Sacramento De La Eucaristía

### JESUS PROMETE INSTITUIR LA EUCARISTIA

*"Yo soy el pan de la vida. Vuestros padres comieron el maná en el desierto y murieron; éste es el pan que baja del cielo, para que lo coman y no mueran. Yo soy el pan vivo bajado del cielo. Si uno come de este pan, vivirá para siempre; y el pan que yo les voy a dar, es mi carne para la vida del mundo. Discutían entre sí los judíos y decían;—Cómo puede éste darnos a comer su carne.*

*Jesús les dijo:—En verdad, en verdad os digo: si no comeis la carne del Hijo del Hombre y no bebeis su sangre, no teneis vida. El que come mi carne y bebe mi sangre tiene vida eterna, y yo lo resucitaré el último día. Porque mi carne es verdadera comida y mi sangre verdadera bebida. El que come mi carne y bebe mi sangre permancece en mí y yo en él. Lo mismo que me ha enviado el Padre, que vive y yo vivo por el Padre, también el que me coma, vivirá por mí. Este es el pan bajado del cielo, no como el que comieron vuestros padres y murieron. El que coma este pan vivirá para siempre.*

*Esto lo dijo enseñando en la sinagoga de Cafarnaún"* [Juan 6:48-60].

### JESUS INSTITUYE EL SACRAMENTO DE LA EUCARISTIA

*"Mientras comían, tomó Jesús pan y, pronunciada la bendición, lo partió, y dándoselo a sus discípulos dijo:—Tomad, comed; éste es mi cuerpo. Tomó luego un cáliz y, dadas las gracias, se los dio diciendo:—Bebed todos de él, porque ésta es mi sangre de la Alianza, que va a ser derramada por muchos para perdón de los pecados."* [Mateo 26:26-28].

1. **¿Qué es la Sagrada Eucaristía?**
   Es el sacramento, en el cual Jesucristo está real y físicamente presente, bajo las apariencias de pan y vino.
   *"El cáliz de bendición que bendecimos, ¿no es acaso comunión con la sangre de Cristo? y el pan que partimos, ¿no es acaso comunión en el cuerpo de Cristo?* [1 Corintios 10:16].

2. **¿Por qué se llama también Santísimo Sacramento?**
   Porque es el Sacramento más sagrado de todos, puesto que se identifica con el mismo Cristo.

**3. ¿Cuándo creó Jesús este Sacramento?**
En la Ultima Cena, la víspera de su muerte.

**4. ¿Cómo pudo Jesús cambiar el pan y el vino en su Cuerpo y su Sangre?**
Porque Jesucristo es Dios, y por lo tanto puede hacerlo todo.

**5. ¿Cambiaron el pan y el vino sus apariencias?**
No, las apariencias de pan y vino (sabor, olor, color, tamaño, forma peso) no se modificaron, aunque el pan y el vino fueron cambiados realmente en el Cuerpo y Sangre de Cristo.
*La sustancia del pan y del vino se cambiaron en la sustancia del Cuerpo y Sangre de Cristo. Este cambio recibe el nombre de transustanciación.*

**6. ¿Están ambos el Cuerpo y la Sangre de Cristo presentes bajo las apariencias de solo pan?**
Sí, Cristo viviente es quien está presente. Su cuerpo, sangre, alma, divinidad y humanidad están conjuntamente presentes tanto bajo las apariencias de pan, como bajo las apariencias de vino.

**7. ¿Concedió Jesús a algunas personas el poder de cambiar el pan y el vino en su Cuerpo y Sangre?**
Sí, a los Apóstoles en la última cena, cuando les dijo:—"Haced esto en conmemoración mía." [Lucas 22:19].

**8. ¿Quiso Jesús que sus Apóstoles transmitieran este poder a otras personas?**
Sí, porque El quería que todos se nutrieran con su Cuerpo y su Sangre.
*"En verdad, en verdad os digo: si no comeis la carne del Hijo del Hombre y no bebeis su sangre, no tendreis vida en vosotros."* [Juan 6:54].

**9. ¿Cómo transmitieron los Apóstoles este poder?**
Constituyendo a otros hombres en sacerdotes y obispos por medio del Sacramento de Ordenes Sagradas. (Vease la Leccion 27, pág. 87).

**10. ¿Cuándo cambia el sacerdote el pan y el vino en el Cuerpo y Sangre de Cristo?**
En la Misa, cuando dice: "Este es mi cuerpo; ésta es mi sangre."

**11. ¿Qué es la Sagrada Comunión?**
Es la recepción del Cuerpo y Sangre de Cristo, presentes en el Santísimo Sacramento, como nuestro alimento espiritual.

**12. ¿Qué se requiere para recibir este sacramento dignamente?**
Ninguno es digno de recibirlo con la dignidad requerida, pero al menos se debe cumplir con lo siguiente: hay que estar bautizado en la Iglesia Católica, hallarse libre de pecado grave, y estar en ayunas.

*Si algunos han cometido pecado mortal, deben acercarse al Sacramento de la Penitencia, con verdadero arrepentimiento, antes de recibir la Sagrada Comunión.*

**13. ¿Qué clase de pecado comete el que recibe la Comunión indignamente?**
Quien hace esto con pleno conocimiento y voluntad, comete un pecado mortal, llamado sacrilegio.

*"Por tanto, quien coma el pan o beba el cáliz del Señor indignamente, será reo del Cuerpo y de la Sangre del Señor. Examínese, pues, cada cual, y coma entonces el pan y beba del cáliz. Pues, quien come y bebe, sin discernir el Cuerpo, come y bebe su propio castigo." [1 Corintios 11:27-29].*

**14. ¿Qué significa aquí "ayunar"?**
Ayunar para preparase para la Santa Comunión significa no ingerir alimento o bebida, a excepción de agua, por una hora antes de recibir la Santa Comunión.

*Para los enfermos y ancianos recluidos en un hospital o en un asilo de ancianos, no hay ninguna restricción de tiempo.*

**15. ¿Con qué frecuencia deben los Católicos recibir la Santa Comunión?**
Por lo menos una vez al año, durante el tiempo pascual, o sea desde el primer domingo de cuaresma hasta el domingo después de Pentecostés inclusive.

**16. ¿Es ésta una seria obligación?**
Sí. Quien la descuida deliberadamente comete pecado mortal.
Esta obligación se llama precepto pascual.

**17. ¿Con qué frecuencia reciben los buenos Católicos la Santa Comunión?**
Lo hacen cada domingo, y muchos todos los días. Lo ideal sería recibir la Santa Comunión, cada vez que se asiste a la Santa Misa, respetándose, desde luego, la norma general que permite recibir la Comunión una sola vez al día.

**18. ¿Qué efectos produce en nosotros la Sagrada Comunión?**
Nutre nuestra vida con Cristo, la fortalece, la repara y la revive. En general hace todas las cosas que el alimento natural hace por nuestro cuerpo; además, nos une más estrechamente a Dios y al prójimo.

**19. ¿Está el Santísimo Sacramento en la iglesia únicamente durante la Misa?**
No, algunas de las hostias consagradas son guardadas en una caja de seguridad (llamada tabernáculo) en un lugar prominente en la Iglesia para la adoración de los fieles y el cuidado de los enfermos.
*El tabernáculo, por esta razón, es "el corazón vivo de cada una de nuestras iglesias" (Papa Paulo VI).*

**20. ¿Es la Sagrada Comunión importante para nuestra salvación?**
Jesús dijo: "Si no comeis la carne del Hijo del Hombre y no bebeis su sangre, no tendreis vida en vosotros. El que come mi carne y bebe mi sangre tiene vida eterna; y yo lo resucitaré el último día." [Juan 6:54-55].

### PUNTOS PRACTICOS

1. Ordinariamente recibimos la Comunión durante la Misa. Sin embargo, por una excepción razonable, puede impartirse también fuera de ella. En caso de enfermedad puede recibirse en la casa o en el hospital.

2. La Santa Comunión es llamada Viático, cuando se administra a una persona, que se encuentra en peligro de muerte. Esta palabra derivada de la combinación de dos vocablos del Latin que significa para el viaje al cielo Jesús va "contigo en el camino."

3. Después de recibir la Santa Comunión debes siempre dedicar unos minutos, orando al Señor, adorándolo, amándolo, dándole gracias y pidiéndole su ayuda.

4. Si después de la última Comunión has cometido algunos pecados veniales, puedes recibir otra vez la Comunión, sin que tengas obligación de confesarlos en el Sacramento de la Penitencia. Sin embargo, al prepararte para la Comunión, debes hacer un acto de contricción.

5. Aunque recibas la Santa Comunión solamente bajo la apariencia de pan, recibes a Cristo viviente: su Cuerpo y su Sangre. En determinadas Ocasiones los Católicos reciben la Comunión bajo las dos formas, es decir bajo las apariencias de pan y vino.

6. Algunas devociones en honor a Jesús Sacramentado son la bendición al Santísimo, la devoción de Cuarenta Horas, Las visitas a nuestro Señor en el templo.

7. La Santa Comunión se puede recibir ya sea en la mano o en la boca.

NOTAS

_____

_____

_____

_____

_____

_____

_____

_____

_____

_____

_____

_____

_____

# Lección 22: El Sacrificio De La Misa

## PROFETIZADO POR MALAQUIAS

*"Desde donde sale el sol hasta donde se pone, grande es mi Nombre entre las naciones, y en todo lugar se ofrece incienso a mi Nombre y oblación pura. Pues grande es mi Nombre entre las naciones."* [Malaquías 1:11].

## EL SACRIFICIO DE LA MISA

*"Porque yo recibí del Señor lo mismo que os he transmitido: que el Señor Jesús la noche, en que fue traicionado, tomó el pan y, después de dar gracias, lo partió y dijo:—Este es mi cuerpo que se da por vosotros; haced esto en conmemoración mía. Así mismo también el cáliz después de cenar, diciendo:—Este cáliz es la Nueva Alianza en mi sangre. Cuantas veces lo bebiereis, hacédlo en recuerdo mío. Pues cada vez que comeis este pan y bebeis este cáliz, anunciais la muerte del Señor hasta que venga."* [1 Corintios 11:23-26].

### 1. ¿Qué es la Misa?

Es la renovación del sacrificio de la Cruz, el sacrificio de el cuerpo y la Sangre de Cristo, ofrecida en una manera incruenta bajo las apariencias del pan y el vino.

### 2. ¿Qué es un sacrificio?

Es el ofrecimiento de una oblación a Dios por un sacerdote y la destrucción de la misma para simbolizar la absoluta y completa entrega de nosotros a El, como a nuestro supremo Creador y Señor.

### 3. ¿Existieron sacrificios antes de la venida de Jesús?

Si, Dios nombró a Aarón y sus hijos sacerdotes y les encomendó ofrecer sacrificios para El.

*"Pero tú y tus hijos os ocupareis de vuestro sacerdocio en todo lo referente al altar."* [Números 18:7].

### 4. ¿Cómo se practicaban los sacrificios del Antiguo Testamento?

Ordinariamente el sacerdote tomaba un animal, lo ofrecía a Dios, lo mataba y quemaba en el altar.

**5. ¿Por qué eran imperfectos los sacrificios del Antiguo Testamento?**
Porque "es imposible que sangre de toros y machos cabríos borre pecados." (Hebreos 10:4).

**6. ¿Cuál fue el sacrificio perfecto?**
El que Jesús ofreció al morir en la cruz.
*"El, por el contrario, habiendo ofrecido por los pecados un solo sacrificio, se sentó a la diestra de Dios para siempre." [Hebreos 10:12].*

**7. ¿Cómo fue la muerte de Jesús sacrificio perfecto?**
Fue perfecto porque ambos el sacerdote y la víctima no fueron solo hombre sino también Dios.
*"Se ha manifestado ahora una sola vez, en la plenitud de los tiempos para la destrucción del pecado, mediante el sacrificio de sí mismo." [Hebreos 9:26].*

**8. ¿Quiso Jesús que continuara su sacrificio?**
Sí, y por tal motivo instituyó la Misa, que es la repetición del sacrificio en la cruz.

**9. ¿Quién ofreció la primera Misa?**
Jesús ofreció la primera Misa en la última cena, cuando cambió el pan y el vino en su Cuerpo y Sangre.

**10. ¿Es la Misa verdadero sacrificio?**
Sí, puesto que contiene todos los elementos del verdadero sacrificio: sacerdote, víctima y oblación. Por la consagración separada del pan y del vino, que simboliza la muerte, Jesús, víctima del sacrificio del Calvario, se hace verdaderamente presente en el altar.

**11. ¿Es el sacrificio de la Misa el mismo que el sacrificio de la cruz?**
Sí, es el mismo porque la víctima y el sacerdote es el mismo, es Cristo Jesús.
*"Pues, cada vez que comeis este pan y bebeis este cáliz anunciais la muerte del Señor, hasta que venga." [1 Corintios 11:26].*

**12. ¿Cuál es la diferencia entre los dos sacrificios?**
La diferencia está en que el sacrificio de la cruz fue cruento, mientras que el de la Misa es incruento.

**13. ¿Concedió Jesús a alguna persona el poder de ofrecer la Misa?**
Sí, lo concedió a sus Apóstoles, cuando dijo:—"Haced esto en conmemoración mía." [Lucas 22:19].
*"Acudían asiduamente a la enseñanza de los Apóstoles, a la comunión, a la fracción del pan y a las oraciónes." [Hechos 2:42].*

**14. ¿Hay actualmente personas que pueden ofrecer el sacrificio de la Misa?**
Sí, la facultad de ofrecer la Misa se ha venido transmitiendo durante veinte siglos por los obispos de la Iglesia Católica, en el Sacramento de la Ordenes Sagradas.

**15. ¿Quién es el sacerdote principal de la Misa?**
Es Jesús, porque El está presente en la persona del sacerdote, ministro del altar.
"Ofreciéndose ahora por medio de los sacerdotes el mismo que entonces se ofreció en la cruz." [Conc. Vat. II Liturgia n.7].

**16. ¿En qué parte de la Misa tiene propiamente lugar el sacrificio?**
En la consagración, cuando el sacerdote dice:—"Esto es mi cuerpo; ésta es mi sangre".

**17. ¿Cómo puedes ofrecer a Dios sacrificio perfecto?**
Participando conciente, devota y activamente en la Misa, orando y cantando con los demás presentes y ofreciéndote a tí mismo al Padre Celestial en unión con Jesús, el Sacerdote y la Víctima del Sacrificio.

### PUNTOS PRACTICOS

1. Los Católicos tienen la obligación moral de asistir a la Santa Misa todos los Domingos y los seis días de precepto. Es pecado grave desobedecer deliberadamente este Santo Mandamiento de la Iglesia. (Directivos Episcopales deben ser seguidos por comunidades sin sacerdotes.)

2. El ideal Católico es asistir a la Santa Misa todos los días. Tal práctica es recomendable especialmente durante la Cuaresma y el Adviento.

3. El Sacerdote puede ofrecer la Misa por las almas del purgatorio. Es costumbre de los Católicos ordenar Misas por sus familiares y amigos difuntos, en vez de comprar flores. Un ramillete espiritual de Misas, no solamente ayuda al difunto, sino que ofrece consuelo a los parientes, lo que no puden las flores.

4. El sacerdote puede también decir la Misa por las intenciones de personas que viven. Por ejemplo, para celebrar el aniversario de matrimonio o los cumpleaños, para rogar por los enfermos, pedir otros favores, agradecer a Dios por las gracias recibidas.

5. Ha sido costumbre en la Iglesia, desde hace siglos, que cuando se pide a un sacerdote celebrar la Misa por determinada intención, se acompañe el pedido con una donación, llamada Estipendio. No se trata, en absoluto, de pagar por la Misa, sino de contribuir al mantenimiento del sacerdote.

"¿No sabeis que los ministros del culto, viven del culto? ¿Que los que sirven al altar, del altar participan? Del mismo modo también el Señor ha ordenado que los que anuncian el Evangelio, vivan del Evangelio." [1 Corintios 9:13-14].

NOTAS

_____

_____

_____

_____

_____

_____

_____

_____

_____

_____

_____

_____

# Lección 23: El Sacramento De La Penitencia

"Al atardecer de aquel primer día de la semana, estando cerradas por miedo a los judíos las puertas, donde se encontraban los discípulos, se presentó Jesús en medio de ellos, y les dijo:—La paz con vosotros. Dicho esto, les mostró las manos y el costado. Los discípulos se alegraron de ver al Señor. Jesús repitió:—La paz con vosotros. Como el Padre me envió, también yo os envío. Dicho esto, sopló sobre ellos y les dijo:—Recibid el Espíritu Santo. A quienes perdoneis los pecados, les quedan perdonados; y a quienes se los retengais, les quedan retenidos." [Juan 20:19-23].

1. **¿Para qué Dios Padre envió a su Hijo al mundo?**
Para reunirnos a El y salvarnos de los efectos de nuestros pecados.
"Dará a luz un hijo, a quien pondrá por nombre Jesús, porque El salvará a su pueblo de sus pecados." [Mateo 1:21].

2. **¿Tiene Jesús poder para perdonar los pecados?**
Sí, tiene este poder porque es Dios.

3. **¿Perdonó Jesús los pecados, mientras estuvo en la tierra?**
Sí, perdonó los pecados al paralítico (Lucas 5:18-26), a la mujer sorprendida en adulterio (Juan 8:1-11), a la mujer pecadora (Lucas 7:39-50), al buen ladrón (Lucas 23:39-43).

4. **¿Otorgó Jesús a algún otro el poder de perdonar los pecados?**
Sí, a sus Apóstoles el domingo de Pascua, por la tarde.
"A quienes perdoneis los pecados, les quedan perdonados, y a quienes se los retengais, les quedan retenidos." [Juan 20:23].

5. **¿Quería Jesús que sus apóstoles dieran este poder a los demás?**
Sí, porque El murió para salvar a toda la gente de sus pecados.
"Es bueno y agradable a Dios nuestro Señor, que quiere que todos los hombres se salven" [1 Timoteo 2:3-4].

6. **¿Cómo trasmitieron los Apóstoles este poder a otras personas?**
Constituyendo a otros hombres en obispos y sacerdotes.
Véase la Lección sobre las Ordenes Sagradas, Pag. 87. Después que murieron los Apóstoles, los obispos han continuado durante dos mil años trasmitiendo el poder de perdonar los pecados por medio del Sacramento de las Ordenes Sagradas.

**7. ¿Quién tiene el poder ahora para perdonar pecados en el nombre de Cristo?**
Todos los Obispos y Sacerdotes de la Iglesia Católica pueden perdonar pecados en el nombre y con el poder de Cristo.

**8. ¿Qué es el Sacramento de la Penitencia?**
La Penitencia es el Sacramento por el cual los pecados cometidos después del Bautismo son perdonados. Por medio de el, los pecadores son renovados en la gracia y reconciliados con Dios y la Iglesia.

**9. ¿Qué es lo que tienes que hacer para que tus serios pecados sean perdonados?**
Tienes que arrepentirte sinceramente de ellos, y confesarlos a un sacerdote Católico.
*"Al que encubre sus faltas, no le saldrá bien; el que las confiesa y abandona, obtendrá piedad." [Proverbios 28:13].*

**10. ¿Por qué tienes que confesar tus serios pecados a un sacerdote?**
Esta es la forma en que Jesucristo quiere que tus pecados sean perdonados.
*El pecado daña nuestra unión con Dios y su Iglesia. El sacerdote representa a Cristo y la comunidad. El perdona en nombre de los dos.*

**11. ¿Por qué tiene que conocer el sacerdote los pecados que has cometido?**
El tiene que saber que se debe perdonar o "retener". Si él juzga que estás verdaderamente arrepentido, él te perdonará; si no, el no puede perdonarte.

**12. ¿El sacerdote solamente ruega para que tus pecados sean perdonados?**
No, sino que actuando como instrumento de Dios y ministro consagrado, perdona verdaderamente los pecados. Jesús confirió a la Iglesia el poder de perdonarlos, cuando dijo:—
*A quienes vosotros perdonareis los pecados, les serán perdonados. "Pues los que yo perdoné...fue por vosotros en presencia de Cristo." [2 Corintios 2:10].*

13. **¿Puedes estar seguro de que tus pecados han sido perdonados en la Confesión?**
Sí, si los has confesado sinceramente y te has arrepentido de ellos.

14. **¿Qué hace por tí el Sacramento de la Penitencia?**
Además de perdonar tus pecados, el Sacramento—
a) reestablece tu unión y amistad con Dios y la Iglesia;
b) incrementa la vida de Dios en tí, si solamente tienes pecados veniales;
c) te da la fuerza para evitar el pecado en el fúturo.

15. **¿Se perdonan todos los pecados en la Confesión?**
Sí, si estás sinceramente arrepentido de ellos.

16. **¿Qué significa "estar arrepentido de los pecados?"**
a) Que te duele haberlos cometido; que los detestas.
b) Que prometes seriamente no volver a cometer ni esos, ni otro pecado alguno.
c) Que sinceramente te propones apartarte de personas, lugares o cosas, que puedan con facilidad conducirte al pecado.

17. **¿Qué clase de aflicción debes tener para ser perdonado?**
Debes tener una sincera aflicción religiosa, esto puede ser:
a) ya sea sincero o menos perfecto, consiste en que te arrepientas de haber ofendido a Dios por la perdida del cielo, o el temor de las penas del infierno.
b) o el de la clase perfecta, y tiene lugar cuando te arrepientes de haber ofendido a Dios, principalmente porque lo amas y porque sabes que es todo bien y digno de todo amor.

18. **¿Puede el sacerdote revelar lo que ha oído en confesión?**
No, al sacerdote nunca se le permite decir lo que ha escuchado en la Confesión. El debe estar dispuesto a sufrir la muerte antes que quebrantar este secreto, que es llamado "Sigilo Sacramental"

19. **¿Estás obligado a confesar todos los pecados en el Sacramento de la Penitencia?**
No estás obligado a confesar los pecados veniales, pero debes confesar todos los pecados mortales.

**20. ¿Qué clase de pecado es omitir voluntariamente un pecado mortal?**
Un pecado mortal de sacrilegio. Despues de una confesión sacrilega, la persona no debe recibir la Santa Comunión sin antes regresar a confesarse correctamente.

**21. ¿Qué debes hacer si olvidas en la Confesión algún pecado mortal?**
Debes decirlo en tu próxima confesión y decir al sacerdote que lo habías olvidado, por la paz de tu conciencia.
*Mientras, puedes recibir la Comunión.*

**22. ¿Qué conviene hacer si no tienes pecados mortales?**
Debes decir tus pecados veniales o mencionar algún pecado que ya habías dicho en la previa Confesión.

**23. ¿Con qué frecuencia estás obligado a recibir al Sacramento de la Penitencia?**
Por lo menos una vez al año, si has cometido pecados graves.
*Si tú, desafortunadamente cometiste un pecado mortal, dí el Acto de Contricción enseguida, y acercate a recibir el Sacramento de la Penitencia lo mas pronto posible.*

**24. ¿Con qué frecuencia reciben los buenos Católicos el Sacramento de la Penitencia?**
Cada mes, o más frecuentemente. Sería muy recomendable hacerlo una vez por mes.

## NOTA

Para obtener la salvación del Sacramento de la Penitencia, según el plan de nuestro Padre Dios, el fiel debe confesar al sacerdote todos y cada uno de los pecados graves que recuerde después del examen de conciencia. Sin embargo la celebración frecuente y cuidadosa de este sacramento es también muy útil como remedio para los pecados veniales. Esto no es una repetición ritual o un ejercicio sicológico, sino un serio esfuerzo para perfeccionar la gracia del bautismo, pues del mismo modo que nosotros llevamos en nuestro cuerpo la muerte de Jesucristo, así su vida pueda ser vista aún mas claramente en nosotros." (Rito de Penitencia, Ritual Romano 1973).

# Lección 24: Las Indulgencias

**1. ¿Qué es una indulgencia?**
Una indulgencia es la remisión de todo o parte de el castigo temporal debido al pecado.

**2. ¿Qué es el castigo temporal por el pecado?**
Aunque el perdón de los pecados nos libra de la pena del castigo eterno en el infierno, la justicia divina requiere algun castigo en esta vida en reparación por nuestros pecados perdonados. *Estamos sujetos a este castigo purificador ya sea en esta vida o en el purgatorio. Una indulgencia es una remisión de todo o parte de esa deuda de castigo temporal. Es otorgado como un favor espiritual por alguna oración u obra buena.*

**3. ¿Qué debes hacer para ganar una indulgencia?**
Debes de—
a) Estar libre de pecado mortal.
b) Rezar la oración, o practicar la obra buena, a la que están ligadas las indulgencias.
c) Tener intención de ganar la indulgencia y
d) Llenar las demás condiciones establecidas por la Iglesia para cada indulgencia.

**4. ¿Qué es la indulgenica plenaria?**
Es aquella que remite toda la pena temporal.

**5. ¿Qué es la indulgencia parcial?**
Es la que remite una parte de la pena temporal.

**6. ¿Cuáles son algunas de las oraciones y buenas obras, por las cuales la Iglesia concede indulgencias?**
Hacer la señal de la cruz, rezar el rosario, usar agua bendita, hacer el viacrucis.

NOTAS
_____
_____
_____
_____

## Lección 25: Como Acercarse A La Confesión

**1. Examen de conciencia**

Arrodíllate en la Iglesia y pide ayuda a Dios para reconocer tus pecados. Recuerda, a la medida que puedas, qué pecados cometiste desde tu última confesión y la frecuencia con que cometiste cada uno de ellos. Dile a Dios que estás arrepentido de tus pecados. Entonces acude al lugar indicado para confesarte. La confesión puede ser hecha en el confesionario o en el cuarto de reconciliación. Puedes escoger entre confesar tus pecados frente a frente con el sacerdote o, si prefieres, arrodillarte frente a la reja o pantalla del confesionario para no revelar tu identidad. Una silla y un reclinatorio estarán preparados de antemano de acuerdo a tu elección.

**2. En el Confesionario o en el Cuarto de Reconciliación.**

Después de una palabra de bienvenida por parte del sacerdote, haces la señal de la Cruz. El sacerdote rezará una oración muy corta animándote para que confíes en Dios, tú respondes: "Amén". A continuación el sacerdote leerá un texto de la Sagrada Escritura (de libre elección) que proclame el perdón de Dios y llame al hombre a la conversión. Después de esto, dices: "Perdóneme, Padre, porque he pecado; hace una semana (o un mes o el tiempo transcurrido) desde mi última Confesión. Me acuso de los pecados siguientes": Dí los pecados y cuántas veces cometiste cada uno. Entonces dí: "Perdóneme de estos pecados y de todos los de mi vida pasada, especialmente (nombra algunos pecados ya confesados de tu vida anterior). El sacerdote te dará algunas oraciones como penitencia y quizás algún consejo. A continuación, él te pedirá que manifiestes tu pesar mediante un acto de contricción (ve p. 137, arriba) o usar tus propias palabras que salgan del corazón. El sacerdote te dará la absolución y tú responderás: "Amén". Después de la absolución te dirá: "Da gracias a Dios, porque Él es bueno". Tú respondes a su vez: "Su misericordia perdura para siempre".

El Sacerdote concluirá con alguna expresión como "Vete en paz" o "Que Dios te bendiga" Y tu dices, "Gracias, Padre," y regresas a tu lugar en la iglesia.

**3. Después de la confesión.**

Dedica unos momentos en la Iglesia. Reza tu penitencia y da gracias a Dios por su misericordia recibida en el Sacramento de la Penitencia.

## PUNTOS PRACTICOS

1. Recuerda que tienes completa libertad para escoger tu confesor. Puedes ir a un sacerdote enteramente desconocido, y no necesitas identificarte, aunque es recomendable acudir a un sacerdote que te conozca, y que por lo mismo pueda aconsejarte con mayor conocimiento de las circunstancias.

2. No debes mencionar en la confesión detalles de los actos pecaminosos, sino solamente aquellas características, que cambian la naturaleza del pecado. Por ejemplo, si se trata de un pecado de pensamiento de palabra o de obra. Los pecados de impureza son diferentes, si las personas son casadas o solteras. En pecados de robo el valor del objeto sustraido hace toda la diferencia. Decir una simple mentira es muy distinto que decirla bajo juramento.

3. Recibe el Sacramento de la Penitencia con frecuencia y regularidad. Algunas personas cometen gran error al pensar que no vale la pena recibir este sacramento, a no ser que se haya cometido pecado mortal. Tú no debes tomarlo como un simple medio de librarte de los pecados, sino como una de las mejores ayudas dadas por Jesús para crecer en amor humilde y profundo hacia El. Este Sacramento nos lleva a la unión personal con Cristo perdonador y misericordioso; nos hace crecer en gracia y nos ayuda a vencer las tentaciones futuras. Es difícil llevar una vida santa, si no se recibe frecuentemente dicho sacramento. Recíbelo por lo menos, una vez al mes; si lo haces cada semana, no creas que es excesivo.

NOTAS

_____

_____

_____

_____

_____

_____

_____

_____

# Lección 26: La Unción De Los Enfermos

*"¿Está enfermo alguno entre vosotros? Llame a los presbíteros de la Iglesia, que oren sobre él y le unjan con óleo. Y la oración de la fe salvará al enfermo, y el Señor hará que se levante, y si hubiere cometido pecados, le serán perdonados." [Santiago 5:13-15].*

**1. ¿Qué es la Unción de los Enfermos?**
Es el Sacramento que da salud espiritual y fortaleza y, algunas veces también la salud corporal, a quienes se encuentran en peligro de muerte por enfermedad, accidente o avanzada edad.

**2. ¿Cómo se administra la Unción de los Enfermos?**
Después de algunas oraciones preparatorias y de imponer las manos en la cabeza del enfermo, el sacerdote lo unge con óleo sagrado en la frente, y en las manos.

**3. ¿Qué oración reza el sacerdote mientras unge al enfermo?**
Dice:—"Por esta santa unción y por su bondadosa misericordia, te perdone el Señor todos los pecados que has cometido y te levante"

**4. ¿Qué efectos produce la Unción de los Enfermos?**
El Sacramento de la Unción de los enfermos–
a) Restablece o profundiza tu unión con Dios.
b) Te anima a sobrellevar los sufrimientos con valor y confianza en Dios.
c) Te ayuda a vencer las tentaciones del demonio y a dominar el temor de la muerte.
d) Algunas veces te devuelve la salud corporal, si conviene a tu salvación.
e) Completa, si te encuentras debidamente preparado, la remisión de la pena temporal, de manera que puedes entrar inmediatamente al cielo.

**5. ¿La Unción de los Enfermos borra los pecados?**
La Unción de los Enfermos borra–
a) Todos los pecados veniales.
b) También los mortales, si estás incapacitado de confesarte, a condición de que te encuentres sinceramente arrepentido.

**6. ¿Quién administra la Unción de los Enfermos?**
El sacerdote es el único ministro de este Sacramento.

**7. ¿Quién puede recibir la Unción de los Enfermos?**
Cualquier Católico que se halle en peligro de muerte por motivo de enfermedad, accidente o avanzada edad.
*Es suficiente una prudente estimación respecto a la seriedad de la enfermedad. El paciente debe ser ungido antes de la operación quirúrgica, cuando se debe a enfermedad peligrosa. Los ancianos pueden recibir la Unción si se encuentran en condición de notable debilidad, aunque no les aqueje enfermedad alguna. Los niños enfermos pueden recibir la Unción, si tienen suficiente edad para ser confortados con este Sacramento.*

**8. ¿Cuándo se debe recibir la Unción de los Enfermos?**
Al comienzo del peligro, es decir tan pronto como se presente una enfermedad peligrosa.
*No se debe esperar hasta que el paciente se halle en trance de muerte, o esté inconciente, o demasiado débil para recibir el Sacramento con atención, devoción y fe. Una persona afectada de cáncer, por ejemplo, o que tiene serios problemas del corazón, debe recibir el Sacramento, aunque el médico no pronostique la muerte, sino para meses o tal vez años más tarde.*

**9. ¿Con qué frecuencia puedes recibir este Sacramento?**
El Sacramento puede ser repetido, si se recupera la salud, o si dentro de la misma enfermedad el peligro se torna más serio.

**10.¿Qué se debe hacer, si alguien muere sin recibir este Sacramento?**
Hay que llamar al sacerdote inmediatamente. En muchos casos, después de una muerte aparente, él puede administrarle el Sacramento condicionalmente.

**11. ¿Qué clase de pecado es privar a un paciente de la Unción de los Enfermos?**
Es pecado muy serio.
*Sucede con frecuencia que en la familia solamente el enfermo es Católico. En tal caso debe pedir a los parientes, que, si se presenta peligro de muerte, llamen al sacerdote.*

**12. ¿Qué se debe hacer antes de que el sacerdote llegue para Unción del Enfermo?**

Se debe extender un mantel blanco sobre una mesa junto al lecho, colocar en ella un crucifijo, dos velas benditas, un vaso de agua, una cuchara y un poco de algodón.

*Uno de los miembros de la familia, con una vela en la mano, debe dar encuentro al sacerdote en la puerta y conducirlo hasta el cuarto del enfermo. Nadie debe hablar al sacerdote, porque es probable que lleve consigo la Sagrada Comunión. Todos deben arrodillarse, cuando él entra.*

**13. ¿Qué hace el sacerdote al entrar al cuarto del enfermo?**

Después de algunas oraciones preparatorias y de rociar al enfermo con agua bendita, le administra el sacramento de la Penitencia, la Unción de los Enfermos y la Sagrada Eucaristía.

*Cuando estos sacramentos se administran a una persona cercana a la muerte reciben el nombre de Ultimos Sacramentos. Si la persona no ha sido anteriormente confirmada, el sacerdote puede administrarle también este Sacramento, inmediatamente antes de la Unción.*

## PUNTOS PRACTICOS

1. Un Católico enfermo, con mayor razón si está seriamente enfermo, debe sentirse dichoso y tranquilo, cuando llega el sacerdote para proporcionarle la confortalidad que solo los Sacramentos pueden otorgar.

2. Si te hallas como paciente en un hospital no Católico, comunica el particular a tu párroco. Di también a los médicos y enfermeras que llamen a un sacerdote, en cuanto adviertan algún peligro de muerte.

3. El Católico debe enterrarse en cementerio Católico. Pide a tus parientes que hablen con tu párroco acerca del funeral.

4. La Iglesia Católica no prohibe la cremación, aunque tal práctica no es ordinaria y es muy rara entre los Católicos.

# Lección 27: Las Ordenes Sagradas

## JESUCRISTO SACERDOTE

*"Teniendo, pues, tal Sumo Sacerdote que penetró los cielos—Jesús, el Hijo de Dios—mantengamos firmes la fe que profesamos. Pues no tenemos un Sumo Sacerdote que no pueda compadecerse de nuestras flaquezas, sino probado en todo igual que nosotros, excepto en el pecado. Acerquémonos, por tanto, confiadamente al trono de gracia, a fin de alcanzar misericordia y hallar gracia para ser socorridos en el tiempo oportuno. Porque todo Sumo Sacerdote es tomado de entre los hombres y está puesto en favor de los hombres en lo que se refiere a Dios, para ofrecer dones y sacrificios por los pecados; y puede sentir compasión hacia los ignorantes y extraviados, por estar también él envuelto en flaqueza, y a causa de su misma flaqueza debe ofrecer por los pecados propios igual que por los del pueblo. Y nadie se arroga tal dignidad, sino el llamado por Dios, lo mismo que Aarón."* [Hebreos 4:14; 5:1-4].

## JESUS COMISIONA A SUS PRIMEROS SACERDOTES

*"Jesús se acercó a ellos y les habló así:—Me ha sido dado todo poder en el cielo y en la tierra. Id, pues, y hace discípulos a todas las gentes, bautizándolas en el nombre del Padre y del Hijo y del Espíritu Santo, y enseñándoles a guardar todo lo que yo os he mandado. Y sabed que yo estoy con vosotros todos los días hasta el fin del mundo."* [Mateo 28:18-20].

1. **¿Qué hizo Jesús para continuar su obra santificadora en la tierra?**

   Para asegurarse de que su obra continuara en la tierra, Jesús estableció el sacerdocio, por medio del Sacramento de las Ordenes Sagradas.

   *"Somos, pues, embajadores de Cristo, como si Dios exhortara por medio de nosotros."* [2 Corintios 5:20].

2. **¿Qué son las Ordenes Sagradas?**

   Son el Sacramento por el cual se confiere a un hombre los poderes del Sacerdocio Católico.

   *El Papa Juan Pablo II, argumento de 2000 años de práctica, declaró que Cristo determinó que solamente hombres pueden ser sacerdotes en su Iglesia.*

3. **¿Qué es el sacerdote?**

   Es la persona que ofrece a Dios sacrificios por los pecados del pueblo.

*"Porque todo Sumo Sacerdote es tomado de entre los hombres y está puesto en favor de los hombres en lo que se refiere a Dios y para ofrecer dones y sacrificios por los pecados." [Hebreos 5:1].*

**4. ¿Fue Jesús sacerdote?**
Sí, Jesús fue sacerdote.
*"Por eso tuvo que asemejarse en todo a sus hermanos para ser misericordioso y Sumo Sacerdote fiel en lo que toca a Dios, en orden a expiar los pecados del pueblo." [Hebreos 2:17].*

**5. ¿Quiénes fueron los primeros sacerdotes Católicos?**
Los Apóstoles, los cuales fueron ordenados sacerdotes por el mismo Jesucristo.

**6. ¿Cuándo ordenó Jesús de sacerdotes a los Apóstoles?**
En la última cena, la noche antes de su muerte, cuando les otorgó el poder de cambiar el pan y el vino en su Cuerpo y Sangre.
*"Haced esto en conmemoración mía." [Lucas 22:19].*

**7. ¿Consagraron los Apóstoles a los sacerdotes?**
Sí, por ejemplo a Pablo, Bernabé, Timoteo, Tito, Matías.
*Vease Hechos 13:3; 14:22; 1:24-26 y Tito 1:5.*

**8. ¿Cómo ordenaron los Apóstoles a los sacerdotes?**
Haciendo oración por ellos e imponiéndoles las manos.
*"Entonces después de haber ayunado y orado, les impusieron las manos y los enviaron." [Hechos 13:3].*

**9. Después que los Apóstoles murieron, ¿cómo se trasmitieron los poderes del sacerdocio?**
Antes de morir, los Apóstoles otorgaron sus podres a otros, quienes después consagraron nuevos obispos. En esta forma los poderes del sacerdocio se han trasmitido durante los pasados 2000 años

**10. ¿Cómo se trasmiten actualmente los poderes del sacerdocio?**
Exactamente del mismo modo que lo hicieron los Apóstoles, o sea por medio de la oración y la imposición de las manos.

**11. ¿Cuáles son los poderes principales del sacerdocio?**
Son:
a) Cambiar el pan y el vino en el Cuerpo y Sangre de Jesús.
b) Perdonar los pecados.
*Otros poderes son el de predicar con autoridad, administrar otros sacramentos, bendecir al pueblo, bendecir objetos.*

**12. ¿De dónde proviene la autoridad del sacerdocio?**
De Jesucristo, la Segunda Persona de la Santísima Trinidad.
*"Quien a vosotros escucha a mí me escucha; quien a vosotros rechaza a mí me rechaza; quien me rechaza a mí, rechaza a Aquel que me ha enviado." [Lucas 10:16].*

**13. ¿Quién puede conferir el Sacramento de las Ordenes Sagradas?**
Solamente el Obispo.
*"El motivo de haberte dejado en Creta fue para que acabaras de organizar lo que faltaba y establecieras presbíteros en cada ciudad, como yo te ordené." [Tito 1:5].*

**14. ¿Qué es necesario para ser sacerdote?**
Después de terminar la escuela superior, hay que estudiar aproximadamente cuatro años en un centro de estudios, llamado seminario, y ser aprobado por el obispo en lo concerniente a conocimientos, salud, conducta y carácter.
*"No te precipites en imponer a nadie las manos." [1 Timoteo 5:22].*

**15. ¿Cómo se llega a ser Obispo?**
El Papa escoge a un sacerdote que se ha conocido por su sabiduría y santidad y nombra a otros obispos para consagrarlo imponiéndole las manos y orando al Espíritu Santo.

**16. ¿Cómo se escoge el Papa?**
Los Cardenales eligen el nuevo Papa, después de la muerte o la renuncia del predecesor.

**17. ¿Por qué no se casan los sacerdotes?**
La ley de la Iglesia requiere celibato por estas importantes razones:
a) La vida consagrada de soltero ayuda a los sacerdotes a vivir mas fácilmente una vida dedicada al amor de Jesús con un corazón que no está dividido [1 Corintios 7:32-34].
b) Para más libremente entregarse al servicio de Dios y al cuidado de la gente de Dios.
c) Para ser un testigo viviente y un signo de todos los valores del reino de Dios y de la vida por venir.

**18. ¿Por qué se llama al sacerdote "Padre"?**
Porque él da vida divina a sus hijos espirituales, así como un padre da vida física a sus niños.

*"No os escribo estas cosas para avergonzaros, sino más bien para amonestaros, como a hijos míos queridos. Pues, aunque hayais tenido diez mil pedagogos en Cristo, no habeis tenido muchos padres. He sido yo, quien por el Evangelio, os engendré en Cristo Jesús." [1 Corintios 4:14-15].*

EL PAPA:
Es el obispo de Roma, vicario de Cristo en la tierra, sucesor de San Pedro, cabeza visible de la Iglesia Católica.

CARDENAL:
Es un título honorario otorgado a sacerdotes u obispos por razón de la posición importante que ocupan en la Iglesia. Los cardenales eligen al Papa.

OBISPO:
Es el jefe espiritual de una diócesis. Al ser especialmente escogido y ordenado como sucesor de los Apóstoles, tiene la facultad de ordenar a otros sacerdotes y otros obispos.

MONSEÑOR:
Es un título honorario, concedido a algún sacerdote por el Papa por motivo de importantes actividades en la Iglesia, o como recompensa por servicios especiales.

PARROCO:
Es el sacerdote encargado de administrar una parroquia.

SACERDOTE:
Los sacerdotes diocesanos trabajan en una diócesis. Los sacerdotes religiosos pertenecen a una orden o congregación religiosa como los Franciscanos, Dominicos, Misioneros del Sagrado Corazón, etc.

DIACONO PERMANENTE:
Es un hombre soltero o casado, ordenado por el Obispo para colaborar en el ministerio parroquial o diocesano.

MONJE:
Los monjes viven en monasterios; observan una regla estricta bajo las órdenes de un superior. Así son los Benedictinos o los Trapenses. Algunos son sacerdotes, otros hermanos.

HERMANO:
Es un hombre dedicado a la enseñanza, a los hospitales, a trabajos sociales o a la contemplación. Emite los votos de pobreza, castidad y obediencia, pero no recibe las Ordenes Sagradas.

HERMANA:
Es una mujer dedicada a la enseñanza, a los hospitales, a trabajos sociales o a la contemplación. Emite los votos de pobreza, castidad y obediencia y pertenece a una orden religiosa o congregación.

# Lección 28: Naturaleza Del Matrimonio

## DIOS INSTITUYO EL MATRIMONIO

*"Y creó Dios el hombre a imagen suya: a imagen de Dios lo creó; macho y hembra los creó. Y los bendijo Dios y les dijo:—Sed fecundos y multiplicaos y llenad la tierra y sometedla" [Génesis 1:27-28].*

**1. ¿Quién creó el matrimonio?**
Dios lo creó. El también estableció leyes acerca del matrimonio.

**2. ¿Cuándo puso Dios el matrimonio dentro del plan de la vida humana?**
Cuando creó a Adán y Eva.

**3. ¿Para qué instituyó Dios el matrimonio?**
a) Para la procreación y educación de los hijos y
b) Para la mutua ayuda de los esposos.

**4. ¿Cómo sabes que Dios instituyó el matrimonio para la procreación y educación de los hijos?**
Así lo afirmó El mismo: "Sed fecundos y multiplicaos." [Génesis 1:28].

*"El mismo Dios que dijo: "No es bueno que el hombre esté solo" [Génesis 2:18], y que "desde el principio...hizo al hombre varón y mujer" [Mateo 19:4] quiso comunicarle una participación especial en su propia obra creadora." [Conc. Vat. II La Iglesia hoy n.50].*

**5. ¿No nos dice el mismo sentido común que el matrimonio y el amor matrimonial están por su naturaleza destinados a la procreación de los hijos?**
Sí, las diferencias entre el hombre y la mujer lo manifiestan claramente.

*El cuerpo de la mujer está hecho para la gestación y crianza de los hijos. El cuerpo del hombre, como más fuerte, dice relación con la defensa y sustentación de la familia. Las mujeres son en general más compasivas, más sentimentales que los hombres. Tales cualidades son especialmente requeridas en el cuidado y educación de los hijos.*

**6. ¿Cómo sabes que Dios quiso que el matrimonio sirviera también para mutua ayuda y amor de los esposos?**
La Biblia lo dice.
*"Dijo luego Yahvéh Dios:—No es bueno que el hombre esté solo. Voy a hacerle una ayuda adecuada." [Génesis 2:18]. "Cada uno ame a su mujer como a sí mismo; y la mujer que respete al marido" [Efesios 5:33].*

**7. ¿El sentido común no lleva a la misma conclusión?**
Sí, el sentido común muestra que tanto el hombre como la mujer son incompletos, por sí solos, pero que encuentran su complemento físico y espiritual en el matrimonio.
*El hombre necesita de la simpatía, comprensión y aliento de la esposa; ésta a su vez requiere el amor, afecto y compañía de su marido.*

**8. ¿Cuál es la finalidad del placer sexual?**
Es atraer al esposo y a la esposa hacia esta expresión de mutua entrega, que al mismo tiempo fomenta y enriquece el amor y hace de los esposos cooperadores de Dios en la trasmisión de la vida humana.

**9. ¿Quiénes son los únicos que pueden gozar del placer sexual?**
Los esposos que estén legítimamente casados y actúen de acuerdo con la ley de Dios.

**10. ¿Cuántas esposas creó Dios para Adán?**
Solamente una. Dios quería que ese matrimonio sirviera de modelo para todos los matrimonios futuros: un hombre y una mujer.
*"Por eso deja el hombre a su padre y a su madre, y se une a su mujer, y se hacen una sola carne." [Génesis 2:24].*

**11. ¿Cuánto tiempo quiere Dios que el esposo y la esposa permanezcan juntos?**
Hasta la muerte.
*"La mujer está ligada a su marido, mientras él viva; mas una vez muerto el marido, queda libre para casarse con quien quiera, pero en el Señor." [1 Corintios 7:39]*

12. **¿Por qué quiere Dios que el esposo y la esposa permanezcan juntos hasta la muerte?**
Una razón práctica es que es muy difícil para un esposo o esposa educar a los hijos apropiadamente. Otra es que un esposo o esposa necesita cuidado al ir disminuyendo su fortaleza. *Toma de veinte a treinta años criar una familia. Esto es una parte significativa de la vida conyugal. De modo que la ley que exige la permanencia unida de los esposos hasta la muerte, significa una valiosa ayuda para la estabilidad del hogar. Además la misma naturaleza del amor sagrado del matrimonio requiere que el lazo de unión entre los esposos permanezca firme hasta la muerte.*

13. **¿Qué es matrimonio válido?**
Es el verdadero matrimonio que cumple con todos los requisitos esenciales establecidos por Dios y por su Iglesia. *Ningún poder de la tierra puede romper un matrimonio Cristiano válido, una vez que ha sido consumado. "Pues bien, lo que Dios unió no lo separe el hombre." [Marcos 10:9].*

14. **¿Qué es matrimonio inválido?**
Es una unión que a los ojos de Dios no tiene el carácter de verdadero matrimonio. *Una pareja casada inválidamente debe separarse o celebrar matrimonio válido, si es posible." "Ni los impuros...ni los adúlteros...ni los afeminados...ni los homosexuales heredarán el Reino de los cielos." [1 Corintios 6:9].*

15. **¿Qué es necesario para que el matrimonio sea válido?**
Que el hombre y la mujer sean solteros, de edad conveniente, que dicidan libremente, que tengan capacidad para la relación sexual, que estén determinados a vivir juntos y guardarse mútua fidelidad hasta la muerte, que pretendan procrear una familia, y que por otra parte no se hallen impedidos por ninguna de las leyes de Dios. *Está prohibido, por ejemplo, casarse entre parientes cercanos, como tíos, tías, sobrinos, sobrinas.*

16. **¿Impuso Dios estas leyes solamente a los Católicos?**
No, todos los seres humanos tienen que someterse a ellas. *Sin embargo, los Católicos son ayudados también por leyes especiales de la Iglesia que protegen la santidad del matrimonio. Por ejemplo, un Católico no puede casarse válidamente si no es en la presencia de un sacerdote y dos testigos después de haber recibido instrucción apropiada a excepción de un permiso especial.*

**17. ¿Tiene el Estado autoridad para cambiar las leyes de Dios?**
No, porque Dios instituyó estas leyes mucho antes de que existiera alguna forma de gobierno.

*Pero el Estado puede dictar leyes, que establezcan la necesidad de solicitar permiso y de inscribirse, así mismo leyes relacionadas con la salud, derechos de propiedad y cosas por el estilo, mientras tales disposiciones no estén en contra de la ley de Dios.*

**18. ¿Puede el hombre y la mujer encontrar verdadera felicidad en el matrimonio?**
Sí, si se ajustan al designio de Dios en el matrimonio.

*"Feliz el marido de mujer buena, el número de sus días se duplicará. La mujer ejemplar da contento a su marido, que acaba en paz la suma de sus años. Mujer buena es buena herencia, asignada a los que temen al Señor: sea rico o pobre, su corazón es feliz en todo tiempo, alegre su semblante." [Sirac. 26:1-4].*

**19. ¿Cuál es la fuente de felicidad más grande en el matrimonio?**
Descubrir que su pareja le ama y respeta, y que sus hijos respeten a ellos y a Dios.

*Los archivos de los juzgados manifiestan que se rompen menos matrimonios entre las familias de numerosos hijos.*

### PUNTOS PRACTICOS

1. Tanto las leyes humanas como las divinas están destinadas al bien de la sociedad. Ocurre a veces que una ley determinada, concretamente, una relativa al matrimonio, resulta una dificultad para un indivíduo. Hay que recordar entonces que te casas para "los momentos mejores y para los peores." De modo que si tu vida matrimonial, sin ser tu culpa, resulta infortunada, si tu matrimonio se rompe, o si encuentras que las leyes de Dios son difíciles de observar, pide a Dios fortaleza para cumplir su voluntad, pide a Jesucristo crucificado que te de fuerzas para llevar tu cruz. El Sacramento del Matrimonio concede a las personas casadas gracias especiales para vivir la vida conyugal en conformidad con la leyes de Dios. El no ha hecho excepción en ningún caso. Si las rompes, por cualquier motivo que sea, cometes pecado grave.

2. No trates de dictaminar sobre la validez de tu matrimonio o del de otra persona. Esto compete únicamente a los expertos en la materia. El sacerdote que te instruye podrá ilustrarte sobre la validez de tu matrimonio.

# Lección 29:
## Los Pecados Contra El Matrimonio

### SEPARACION Y NEGACION DE LA UNION MARITAL

*"No obstante, por razón de la impureza, tenga cada hombre su mujer, y cada mujer su marido. Que el marido de a su mujer lo que debe y la mujer de igual modo a su marido. No dispone la mujer de su cuerpo, sino el marido. Igualmente el marido no dispone de su cuerpo, sino la mujer. No os negueis el uno al otro, sino de mútuo acuerdo, por cierto tiempo, para daros a la oración; luego, volved a estar juntos, para que Satanás no os tiente por vuestra incontinencia." [1 Corintios 7:2-6].*

### DIVORCIO

*"Se acercaron unos Fariseos que, para ponerle a prueba, le preguntaron:—¿Le es lícito al marido repudiar a la mujer? El les respondió:—¿Qué os prescribió Moisés? Ellos le respondieron:—Moisés permitió escribir el acta de divorcio y repudiarla. Jesús les dijo:—Teniendo en cuenta la dureza de vuestro corazón escribió para vosotros este precepto. Pero desde el principio de la creación, Dios los hizo varón y hembra. Por eso dejará el hombre a su padre y a su madre, y los dos se harán una sola carne. De manera que ya no son dos, sino una sola carne. Pues bien, lo que Dios unió, no lo separe el hombre. Y ya en casa, los discípulos le volvieron a preguntar sobre esto. El les dijo:—Quien repudie a su mujer y se case con otra, comete adulterio contra aquella; y si ella repudia a su marido y se casa con otro, comete adulterio." [Marcos 10:2-12].*

1. **¿Cuáles son los pecados contra el matrimonio?**
   a) Negación de la unión marital.
   b) Separación ilegítima.
   c) Divorcio.
   d) Convivencia pecaminosa.
   e) Adulterio.
   f) Control artificial de natalidad
   g) Aborto
   h) Esterilización.

**2. ¿Qué es la unión marital?**

Unión marital—llamado algunas veces "Deber matrimonial" significa que una persona casada está obligada, bajo pena de pecado mortal, dar a su conyuge relaciones sexuales siempre y cuando sea pedido razonablemente.

*Excusas legales para el rechazo: adulterio, enfermedad, ebriedad, insanidad, falta de sostenimiento, peligro al bebé antes de nacer, abuso físico.*

**3. ¿Debe una persona casada siempre insistir en su derecho a la relación sexual?**

No, porque el matrimonio no puede ser feliz, a menos que esté fundado en el amor y mútua entrega.

**4. ¿Como se hace la separación de su pareja una ocasion por pecado mortal?**

Cuando la pareja separada cae en adulterio u otro pecado sexual el/ella comite el pecado mortal.

**5. ¿Está permitida en algún caso la separación, a una persona casada validamente?**

Sí, pero sólo por razones verdaderamente serias. A excepción de casos extraordinarios, como amenaza inmediata de daños físicos, nadie puede tomar la decisión de separarse, sin consultar a su párroco o confesor.

**6. ¿Por qué el divorcio y volverse a casar son pecado mortal?**

Porque están claramente en contra de la ley de Dios.

*"Todo el que repudia a su mujer y se casa con otra, comete adulterio; y el que se casa con una repudiada por su marido, comete adulterio." [Lucas 16:18]*

*"La mujer está ligada a su marido, mientras él viva; mas, una vez muerto el marido, queda libre para casarse con quien quiera." [1 Corintios 7:39].*

**7. ¿Puede una persona separada o divorciada unirse a otra?**

No, si el primero fue válido, porque tal persona está todavía casada, y una persona casada no puede unirse con otra.

*"Por eso, mientras viva el marido, será llamada adúltera, si se une a otro hombre." [Romanos 7:3]*

**8. ¿Qué es el adulterio?**
Es la unión sexual de una persona casada con otra, que no es su conyuge. Si los dos adúlteros están casados, el acto es doblemente pecaminoso.

**9. ¿Qué es el control artificial de natalidad?**
Usar un dispositivo, químico u otro medicamento antes, durante o después de las relacones sexuales para hacer imposible el embarazo.

**10. ¿Está permitido el control artificial de natalidad?**
No. "Cada acto sexual debe estar abierto para la transmisión de la vida." (Paulo VI, Sobre la regulación de la natalidad.)
*"Está prohibida toda acción puesta antes del acto conyugal, durante él, o en el desenvolvimiento de sus consecuencias naturales, que tienda a...hacer imposible la procreación." [Paulo VI].*

**11. ¿Cuál es el pecado de aborto?**
Es matar a un niño antes de nacer.

**12. ¿Está permitido el aborto para salvar la vida de la madre?**
No, porque es destruir directamente la vida de un inocente, aunque sea un niño aún no nacido, es siempre homicidio.

**13. ¿Qué le sucede a un Católico, que conciente y directamente coopera en la realización de un aborto?**
Incurre inmediatamente en la pena de excomunión por este crimen.
*Esto significa que tal persona queda excluida de la recepción de los Sacramentos.*

**14. ¿Puede una persona excomulgada ser readmitida a los Sacramentos?**
Sí, con un verdadero arrepentimiento y una sincera confesión.
*El sacerdote que oye su confesión necesita tener permiso especial del obispo para levantar la excomunión.*

**15. ¿Qué es la esterilización?**
Es evitar que los órganos de la reproducción sean fecundos, ya sea ligando o cortando las trompas de Falopio, removiendo el útero o los ovarios, ya sea en el hombre ligando los canales deferentes o extirpando los testículos.

**16. ¿Qué clase de pecado es la esterilización?**
Es pecado mortal, a menos que los órganos estén enfermos y causen peligro a la salud de todo el organismo.

## PUNTOS PRACTICOS

1. Los pecados expuestos en ésta lección están en contra de la ley de Dios, y por lo tanto, prohibidos para todos, no solo para los Católicos.

2. Aunque los niños deben considerarse como grandes bendiciones de Dios, las parejas Católicas no están obligadas a tener cuantos niños sea posible. La habilidad de cuidar por ellos, así como también la salud y la edad de la pareja son factores que deben considerarse cuidadosamente al decidir la magnitud de la familia.

3. Pueden existir razones serias para diferir el embarazo, o para distanciar los nacimientos, razones que provengan de las condiciones físicas o sicológicas de los esposos, o de las circunstancias externas. En tales casos la Iglesia enseña que es legítimo utilizar los períodos naturales rítmicos del sistema reproductivo de la madre, restringiendo el uso del matrimonio a los dias no fértiles. Tal forma de regular el control de la natalidad no ofende a los principios morales, que prohiben el control artificial de la natalidad. **Folletos y películas del tema de Planificación Familiar estan disponibles en Cogan Productions Inc. 555 W. Illinois Ave., Aurora, IL 60506.**

4. Las mujeres deben tener mucha cautela, cuando los médicos hablan de extirpar el útero, detener la gestación, atar las trompas. Tales expresiones de la terminología médica se usan para designar procedimientos, que tiene profundas implicaciones morales.

# Lección 30: El Sacramento Del Matrimonio

*"Sed sumisos los unos a los otros en el temor de Cristo. Las mujeres a sus maridos, como al Señor, porque el marido es la cabeza de la mujer, como Cristo es la cabeza de la Iglesia, el salvador del Cuerpo. Así como la Iglesia está sujeta a Cristo, así también las mujeres deben estarlo a sus maridos en todo.*

*Maridos, amad a vuestras mujeres, como Cristo amó a la Iglesia y se entregó a sí mismo por ella, para santificarla, purificándola, mediante el baño del agua, en virtud de la palabra, y presentársela resplandeciente a sí mismo sin mancha, ni arruga, ni cosa parecida, sino santa e inmaculada. Así deben amar los maridos a sus mujeres como a sus propios cuerpos. El que ama a su mujer se ama a sí mismo. Porque nadie aborreció jamás su propia carne; antes bien, la alimenta y la cuida con cariño, lo mismo que Cristo a la Iglesia, pues somos miembros de su Cuerpo. Por eso dejará el hombre a su padre y a su madre y se unirá a su mujer, y los dos se harán una sola carne. Gran misterio es éste, lo digo respecto a Cristo y la Iglesia.*

*En todo caso, en cuanto a vosotros, que cada uno ame a su mujer como a sí mismo; y la mujer que respete a su marido." [Efesios 5:21-33].*

1. **¿Qué es el Sacramento del Matrimonio?**
   Al elevar el legítimo matrimonio de los Cristianos a nivel de un Sacramento, Cristo permitió a las parejas santificarse el uno al otro en cierta forma que su unión se convierte en un símbolo de Su intenso amor por la Iglesia. El amor de Cristo lo conmovió a sacrificarse El mismo por el bienestar de su pueblo. Los esposos y esposas Cristianos están habilitados por Cristo a hacer un similar ofrecimiento de sí mismos para el bien de su conyuge y sus hijos.

2. **¿Fue el matrimonio siempre un Sacramento?**
   No, aunque la unión legítima del hombre y la mujer de acuerdo al plan de Dios fue y es algo bueno, fue elevado a la dignidad de un Sacramento por Cristo Jesús.

3. **¿Qué hace el Sacramento por la pareja?**
   a) Se hacen un hombre y mujer Cristianos esposo y esposa.
   b) Profundiza la unión de la pareja con Cristo.
   c) Otorga una ayuda especial para el desarrollo de sus deberes como Cristianos unidos en matrimonio y para vencer las dificultades que tienen que enfrentar.

**4. ¿Quiénes pueden recibir el Sacramento del Matrimonio?**
Solamente los que están bautizados y no se hallen impedidos de casarse.

**5. ¿Qué es necesario para recibir dignamente este Sacramen?**
Estar limpio de pecado mortal.

**6. ¿Qué clase de pecado es recibir este Sacramento indignamente?**
Es pecado mortal de sacrilegio.
*Sin embargo, el matrimonio es válido.*

**7. ¿Están obligados los Católicos a casarse durante la Misa?**
No, pero es muy conveniente hacerlo de este modo.
*La Misa especial para el matrimonio es llamada Misa de nupcias. Se debe obtener permiso para casarse durante la santa Misa cuando se trate de matrimonio mixto.*

**8. ¿Qué debe hacer un Católico que desea casarse?**
a) Las preparaciones de la boda deben hacerse por lo menos con seis meses de anticipación con uno de los sacerdotes de la parroquia de la novia, o en la parroquia de la parte Católica, si se trata de matrimonio mixto.
b) Participar en la instrucción o programa que es recomendado.

**9. ¿Son válidos los matrimonios de los no Católicos?**
Sí, los matrimonios contraídos entre personas no Católicas son válidos, si se observan todas las leyes de Dios referentes al Matrimonio; y por lo tanto, tales matrimonios no pueden romperse.
*Una persona no Católica puede casarse válidamente ante cualquiera que esté legítimamente facultado para celebrarlo [Ministro, rabino, juez de paz, capitán de barco].*

## PUNTOS PRACTICOS

1. El sacerdote no es el ministro del Sacramento del Matrimonio; es solamente testigo autorizado. Los verdaderos ministros son el novio y la novia. Se lo administran mútuamente cuando intercambian el consentimiento matrimonial. El primer regalo que se hacen uno a otro es, por lo tanto la gracia santificante. De ahí la conveniencia de que tal entrega tenga lugar durante la Misa.

2. "Los esposos Cristianos para cumplir dignamente sus deberes de estado, están fortificados y consagrados por un sacramento especial, con cuya virtud, al cumplir su misión conyugal y familiar...llegan cada vez mas a su propia perfección y a su mútua santificación, y por lo tanto, conjuntamente a la glorificación de Dios.

Gracias precisamente a los padres, que precederán con el ejemplo y la oración en familia, los hijos aún los demás que viven en el círculo familiar, encontrarán más fácilmente el camino del sentido humano, de la salvación y de la santidad." (Conc. Vat. II La Iglesia hoy n.48).

NOTAS

_____

_____

_____

_____

_____

_____

_____

_____

_____

_____

_____

_____

_____

_____

_____

_____

_____

_____

_____

_____

## Lección 31:
### Como Lograr Un Matrimonio Feliz

*"Entonces Tobías se levantó del lecho y le dijo:—Levántate, hermana, y oremos y pidamos a nuestro Señor que se apiade de nosotros y nos salve. Ella se levantó y empezaron a suplicar y a pedir el poder quedar a salvo. Comenzó él diciendo:—Bendito seas, tú, Dios de nuestros padres y bendito sea tu nombre por todos los siglos de los siglos. Bendígante los cielos y tu creación entera por los siglos todos. Tú creaste a Adán y para él creaste a Eva, su mujer, para sostén y ayuda y para que de ambos proviniera la raza de los hombres. Tú mismo dijiste: No es bueno que el hombre se halle solo; hagámosle una ayuda semejante a él. Yo no tomo a esta mi hermana con deseo impuro, mas con recta intención. Ten piedad de mi y de ella, y gue podamos llegar juntos a nuestra ancianidad."* [Tobías 8:4-10].

1. **Adopta una actitud correcta.**
   Visualiza el matrimonio Cristiano como tu llamado personal y el camino a la santidad y salvación eterna.

2. **Ten el proposito correcto.**
   Espera con alegría tener hijos y fundar un hogar Cristiano.
   *Las personas que se casan por motivos egoístas [dinero, placer, influencia] rara vez encuentran felicidad en el matrimonio.*

3. **Considera a tu esposo(a) tu tesoro.**
   Tu esposo(a), si es amado y respetado, te ayudará a desarrollarte como una persona, sin egoísmo, con cuidados y espíritu social. Una persona así es invaluable.

4. **Estudia para entender mejor lo que es el matrimonio.**
   El matrimonio, como otra vocación, requiere conocimiento especial obtenido por medio del estudio y la oración.
   *Asiste a las Conferencias de preparación, a un curso sobre matrimonio Católico, o por lo menos, recibe instrucción matrimonial de tu párroco.*

5. **Ora para tener un matrimonio dichoso y santo.**
   Debes orar todos los días por un matrimonio santo y dichoso. El juicio final ante Dios se referirá ciertamente al modo como has vivido tu vida matrimonial, la vocación que Dios te dio.

*"Casa y fortuna se heredan de los padres, mujer prudente viene de Yahwéh." [Proverbios 19:14].*

**6. Prepárate para el matrimonio viviendo la vida Cristiana.**
Asiste a la Misa y recibe la Sagrada Comunión con frecuencia, recibe con regularidad el Sacramento de la Penitencia, guarda los diez mandamientos. Practica las Beatitudes.

**7. Sigue los consejos de tus padres y de tu párroco.**
Es prudente pedir consejo, cuando se va a tomar una decisión importante, especialmente cuando se va a decidir sobre un compromiso para toda la vida.

**8. Escoge un buen compañero.**
Busca a alguien que comparta contigo los ideales Católicos y que tenga intenciones serias de establecer una familia y hogar Cristianos, una pesona que sea sincera, fiel, consecuente y casta.

**9. No te cases demasiado joven.**
Hoy día los jovenes menores de veintiún años, aunque se hallan en capacidad de tener hijos, son con frecuencia inmaduros y subdesarrollados mental y emocionalmente, de modo que no comprenden la dignidad, la belleza y la seriedad del matrimonio.

**10. Guarda la actitud correcta en relación con el sexo.**
Dios creó el sexo y el placer sexual para atraer al esposo y la esposa mútuamente. El uso del poder sexual debe ser gobernado por mútuo consentimiento, ternura, y el deseo de profundizar su afecto mútuo. Las acciones deben ser abiertas a la transmisión de una nueva vida, aunque estas sean previstas como improbables de ocurrir.

**11. Adopta una noble y generosa actitud frente a la vocación y el desafío de la paternidad Cristiana.**
Considera a los hijos como una de las grandes bendiciones del matrimonio.
*"Los hijos son, sin duda, el don más excelente del matrimonio."*
*(Conc. Vat. II La Iglesia hoy n.50).*

## 12. Ten respeto a tu pareja.

Con la persona que te casas compartes una unión que fue establecida por Dios mismo y elevada a la dignidad de un Sacramento por Cristo.

*"De igual manera vosotros, maridos, en la vida común sed comprensivos con la mujer, que es un ser más frágil, tributándoles honor, como herederas que son también de la gracia de Vida, para que vuestras oraciones no encuentren obstáculos." [1 Pedro 3:7].*

## 13. Comuniquense el uno con el otro.

Las personas casadas deben esforzarse por controlar su carácter y tratar sus problemas como personas maduras. Rebajar al otro verbalmente o pelear puede destruir el matrimonio.

*"Soportaos unos a otros y perdonaos mutuamente, si alguno tiene queja contra otro. Como el Señor os perdonó, perdonaos también vosotros. Y por encima de todo esto, revestíos del amor que es el lazo de la unión perfecta. Y que la paz de Cristo reine en vuestros corazones, pues a ella habeis sido llamados, formando un solo cuerpo...Mujeres sed sumisas a vuestros maridos como conviene en el Señor. Maridos amad a vuestras mujeres, y no seais esperos con ellas." [Colosenses 3:13-15, 18-19].*

## 14. ¡Alaba, no critiques!

Criticar las faltas de tu conyuge o estar constantemente quejándote de insignificancias pronto destruye un matrimonio feliz.

*"¿Cómo es que miras la brizna que hay en el ojo de tu hermano, y no reparas en la viga que hay en tu ojo? ¿O como vas a decir a tu hermano:—Deja que te saque esa brizna del ojo, teniendo la viga en el tuyo?" [Mateo 7:3-4].*

## 15. Confíen completamente el uno en el otro.

Es pecado ser celoso y juzgar mal, sin suficiente motivo.

*"No juzgueis, para que no seais juzgados. Porque con el juicio con que juzgueis, sereis juzgados, y con la medida con que midais, se os medirá a vosotros." [Mateo 7:1].*

## 16. Renten o compren su propia casa.

Tu primer deber está con tu conyuge; padres y los demás quedan en segundo lugar. Vivir con parientes políticos puede complicar tu matrimonio innecesariamente.

*"Por eso deja el hombre a su padre y a su madre y se une a su mujer, y se hacen una sola carne." [Génesis 2:24].*

**17. Hagan las cosas juntos.**
El esposo y la esposa deben encontrar felicidad en su propio hogar, con sus hijos; conviene también que se reunan con otros matrimonios felices.

**18. Hagan de su hogar un lugar placentero.**
El esposo y la esposa necesitan compartir las faenas del hogar, especialmente si los dos trabajan. Intercambio en el desempeño de las faenas hogareñas es saludable y necesario en nuestro mundo moderno.

*"Feliz el marido de la mujer buena; el número de su días se multiplicará. Mujer ejemplar da contento a su marido, que acaba en paz la suma de sus años. Mujer buena es buena herencia, asignada a los que temen al Señor. Sea rico o pobre, su corazón es feliz; en todo tiempo alegre su semblante." [Sirac. 26:1-4].*

**19. Usen el dinero de la familia apropiadamente.**
Cada uno de los conyuges debe actuar responsablemente en un matrimonio. Donde ambos esposos trabajan, el dinero debe ser mancomunado y entre el esposo y la esposa decidir sobre su uso.

*"Si alguno no tiene cuidado de los suyos, principalmente de sus familiares, ha renegado de la fe y es peor que un infiel." [1 Timoteo 5:8].*

**20. Oren juntos!**
Se dice que "la familia que reza unida permanece unida," y esto incluye la asistencia conjunta a la Misa y la recepción de la Sagrada Comunión.

*"Porque donde están dos o tres reunidos en mi nombre, allí estoy yo en medio de ellos." [Mateo 18:20].*

NOTAS

_____

_____

_____

_____

_____

_____

_____

_____

# Lección 32:
## Deberes De Los Padres Para Con Los Hijos

*"Pero al que escandalice a uno de estos pequeños que creen en mí, más le vale que le cuelguen al cuello una de esas piedras de molino que mueven los asnos, y le hundan en lo profundo del mar." [Mateo 18:6].*

1. **Proveer a su hijos el alimento necesario, ropa, protección y un ambiente saludable libre de drogas, alcohol y abuso físico.**
   Esta obligación recae en ambos padres, ya sea que vivan juntos o separados. Deben proteger a sus hijos de todas las formas de peligro a la salud física o mental.

2. **Darles buen ejemplo.**
   Los padres dan buen ejemplo con la observancia fiel de los deberes religiosos, la asistencia a la Misa, la observancia del ayuno y abstinencia en los días señalados, la oración, el lenguaje decente, el respeto al nombre de Dios, la honradez, castidad, amor compasivo al prójimo, sobriedad.
   *Los padres deben recordar que los niños son grandes imitadores y por lo tanto, han de tener sumo cuidado con lo que hacen o dicen en presencia de ellos.*

3. **Formar un hogar verdaderamente Cristiano.**
   Hogar Cristiano es aquel en que Dios y la religión son de mayor importancia.
   *En el hogar debe haber un crucifijo, imágenes de Jesús, la Santísima Virgen y los Santos. Han de estar excluídos cuadros y calendarios indecentes, lo mismo que revistas, libros y cuentos de sexo y sensualidad, estos no tienen lugar en un hogar Cristiano.*

4. **Bautizar a los niños lo más pronto posible.**
   Es pecado grave diferir el bautismo de los niños. Si se presenta algún peligro para la vida del recién nacido, debe llamarse de inmediato al sacerdote.

5. **Preocuparse por que los hijos reciban la comunión, se acerquen a la confesión y sean confirmados.**
   Se debe enseñar a los hijos a recibir la Sagrada Comunión y a confesarse con regularidad y frecuencia; de ser posible cada semana, especialmente durante las vacaciones.

**6. Enseñarles a rezar.**
Las oraciones diarias deben rezarse con toda la familia reunida. *Se dice con razón que, "la familia que reza unida permanece unida."*

**7. Ver que asistan a la Misa cada Domingo y los seis días de precepto.**
Los padres no deben retener a los hijos en casa, privándoles así de la Misa, sino por razones serias.

**8. Enseñarles el propósito Cristiano del Matrimonio y los hijos.**
Los padres deben enseñar afecto y amor por su ejemplo. Evitar quejarse de las penalidades de la vida matrimonial y bromear sobre los deberes sagrados del matrimonio. Supervisar los programas de T.V. que ven su hijos.
*El nacimiento de un nuevo hijo ha de ser motivo de alegría para toda la familia, de modo que todos lo consideren como la mayor bendición de la vida matrimonial.*

**9. Prepararlos para el matrimonio.**
Se debe enseñar a los hijos de palabra y de obra los deberes y responsabilidades del matrimonio.
*Hay que enseñarles también los aspectos prácticos del mantenimiento del hogar, la organización de la casa, preparación de alimentos, arreglo de ropa, puntualidad, limpieza y orden.*

**10. Impartirles conocimientos exactos y actitudes correctas respecto a la sexualidad humana.**
Esta información ha de darse con delicadeza y con gran énfasis en la belleza y carácter sagrado del sexo.
*Las respuestas a las preguntas sobre los fenómenos de la vida tienen que ser exactas, pero adaptadas a la edad y desarrollo mental de los niños. Los padres deben ganarse la confianza de sus hijos, de modo que acudan a ellos por información.*

**11. Corregir los pecados y faltas de los hijos.**
Es pecado serio descuidar este deber.

**12. Enseñarles las virtudes de honradez, obediencia, veracidad y pureza.**
Estas lecciones han de comenzarse desde muy temprana edad y continuarse con constancia.

13. **Enseñarles el respeto a los derechos y a la propiedad de los demás.**

Muchos cometen pecado, dando mal ejemplo en esta materia.

14. **Enseñarles el respeto a toda autoridad legítima.**

Se debe enseñar a los hijos desde muy pequeños a respetar a las autoridades legítimas, especialmente las de la Iglesia, el Estado y la Escuela.

15. **Proporcionarles recreaciones sanas y mantenerlos alejados de malas compañías.**

El hogar Cristiano debe ser el centro de la vida social de los hijos, un lugar a donde puedan llevar con confianza a su compañeros.

*Los padres deben consultar la censura de espectáculos, antes de permitir a sus hijos entrar en salas de cine; deben igualmente revisar las lecturas y controlar el uso de la radio y televisión. Los muchachos reciben muchas ideas falsas sobre la vida, el matrimonio, el crimen, la bebida y otros asuntos a través de estos medios de esparcimiento.*

16. **Animar los deseos de los hijos por el sacerdocio, la vida religiosa, el apostolado misional de los seglares.**

Tener en la familia a una persona llamada a una vocación tan sublime es una de las bendiciones más grandes que Dios puede conceder a los padres. Estos deben dar ánimo a sus hijos que manifiestan señales de tal llamamiento.

NOTAS

_____

_____

_____

_____

_____

_____

_____

_____

_____

_____

# LOS DIEZ MANDAMIENTOS

1. Amarás a Dios sobre todas las cosas.

2. No jurarás el nombre de Dios en vano.

3. Santificarás las fiestas.

4. Honrarás a tu padre y madre.

5. No matarás.

6. No fornicarás.

7. No robarás.

8. No levantarás falso testimonio, ni mentirás.

9. No desearás la mujer de tu prójimo.

10. No codiciarás los bienes ajenos.

Al estudiar los Diez Mandamientos, ten en cuenta la razón por la que Dios te creó— para compartir la felicidad en el cielo. Dios dio los Diez Mandamientos, no para hacerte la vida difícil, sino para ayudarte a llegar al Cielo. "Si quieres llegar a la vida eterna, cumple los manda mientos" [Mateo 19:17]. Los Diez Mandamientos son otra indicación del gran amor de Dios por tí.

# Lección 33: El Primer Mandamiento

*"Venid, cantemos gozosos a Yahvéh, aclamemos a la Roca de nuestra salvación; con acciones de gracias vayamos ante El, aclamémosle con salmos. Porque es Yahvéh un Dios grande, un Rey grande sobre todos los dioses; en sus manos están las honduras de la tierra, y suyas son las cumbres de los montes; suyo el mar, pues El mismo lo hizo, y la tierra firme, que sus manos formaron.*
*Entrad, adoremos, prosternémonos ¡de rodillas ante Yahvéh que nos ha hecho! Porque El es nuestro Dios y nosotros el pueblo de su pasto, el rebaño de su mano." [Salmo 95:1-7].*

**1. ¿Cuál es el primer mandamiento?**
El primer mandamiento es amar a Dios sobre todas las cosas.

*¡El primer mandamiento exige que hagamos a Dios el centro de nuestra vida haciendo una pausa en nuestras actividades humanas y pensando en Dios, orando y ofreciéndonos a El, y también los frutos de nuestro trabajo!*

**2. ¿A qué te obliga el primer mandamiento?**
A ofrecer a Dios verdadera adoración.
*"Adorad al que hizo el cielo y la tierra, el mar y los manantiales de agua." [Apocalipsis 14:7].*

**3. ¿Qué es adoración?**
Es reconocer que Dios te ha creado, y que dependes de El enteramente.
*"Pues en El vivimos, nos movemos y existimos" [Hechos 17:28].*

**4. ¿Cómo adoras a Dios?**
Rezandole en privado y en público. La práctica común de orar al levantarse y antes de acostarse, antes y después de las comidas nos ayuda a recordar a nuestro Creador y Gran Benefactor.
*"Y estaban continuamente en el templo bendiciendo a Dios." [Lucas 24:53].*

**5. ¿Hay un nombre especial para la adoración pública de la Iglesia?**
Sí, la adoración litúrgica, la Liturgia de la Iglesia.

**6. ¿Es importante la liturgia en la vida de la Iglesia?**

a) Es el punto culminante, la acción más elevada, hacia la cual se dirige toda la actividad de la Iglesia; es la fuente de donde brota toda fuerza y vigor.

b) La participación activa en la adoración litúrgica es la fuente primordial de la cual los fieles Católicos reciben el verdadero Espíritu Cristiano.

*La liturgia consiste principalmente en la Santa Misa, los Sacramentos, el Oficio Divino, la observancia de las Fiestas del Año de la Iglesia.*

**7. ¿Cómo peca mucha gente contra el primer mandamiento?**

Por la negligencia de su deber de adorar a Dios.

**8. ¿Por qué es pecado creer en adivinos?**

Porque es atribuir a una criatura conocimientos que son propios sólo de Dios.

*Unicamente Dios conoce el futuro, y no lo revela por medio de formas ridículas como las hojas de té, golpes en la cabeza, rayas en la palma de la mano, movimiento de las estrellas y planetas.*

**9. ¿Por qué es pecado guiarse en la vida por sueños?**

a) Porque Dios lo prohíbe muchas veces en la Biblia.

b) Porque es una insensatez que puede llevarte a cometer otros pecados.

*"A menos que te sean enviadas por el Altísimo en visita, no abras tu corazón a estas cosas. Que a muchos extraviaron los sueños y cayeron los que en ellos esperaban,." [Sirac. 34:6-7].*

NOTAS

_____

_____

_____

_____

_____

_____

_____

_____

## Lección 34: El Segundo Mandamiento

*"Reyes de la tierra y pueblos todos, príncipes y todos los jueces de la tierra, jóvenes y doncellas también, viejos junto con los niños, alabad el nombre de Yahvéh, porque sólo su nombre es sublime." [Salmo 148:11-13].*

*"Se despojó de sí mismo tomando condición de siervo, haciéndose semejante a los hombres, y apareciendo en su parte como hombre, y se humilló a sí mismo, obedeciendo hasta la muerte, y muerte de cruz. Por lo cual Dios le exaltó y le otorgó el Nombre, que está sobre todo nombre. Para que al nombre de Jesús toda rodilla se doble en los cielos, en la tierra y en los abismos, y toda lengua confiese que Cristo Jesús es Señor, para gloria de Dios Padre." [Filipenses 2:7-11].*

**1. ¿Cuál es el segundo mandamiento?**
No jurarás el nombre de Dios en vano.
*"Porque Yahvéh no dejará sin castigo a quien tome su nombre en falso." [Exodo 20:7].*

**2. ¿A qué te obliga el segundo mandamiento?**
A invocar el nombre de Dios o de Jesucristo con reverencia.
*"Santo es su nombre." [Lucas 1:49].*

**3. ¿Cuáles son los pecados contra el segundo mandamiento?**
a) La invocación irreverente del nombre de Dios o de Jesucristo.
b) La blasfemia.
c) El juramento falso.

**4. ¿Cuándo invocas irreverentemente el nombre de Dios?**
Cuando lo empleas sin motivo razonable y sin respeto.
*Generalmente es pecado venial.*

**5. ¿Qué es blasfemia? Es una expresión insultante contra Dios o la religión.**
*Cuando el blasfemo pretende expresamente insultar a Dios, comete pecado mortal.*

**6. ¿Es pecado utilizar lenguaje obsceno o grosero?**
Utilizar lenguaje obsceno o grosero sí es pecado.

*Jesús dice: "Yo les digo que en el día del juicio los hombres tendrán que dar cuenta hasta de las palabras ociosas que hayan dicho. Por tus palabras serás declarado justo, y por lo que digas vendrá tu condenación." [Mt. 12:36-37].*

**7. ¿Qué es juramento?**
Es poner a Dios a ser testigo de la verdad.

**8. ¿Qué clase de pecado es jurar en falso?**
Es pecado mortal, llamado perjurio.
*Es pecado mortal, aunque la materia sea pequeña, porque al jurar se pone a Dios por testigo de una mentira*

**9. ¿Qué es el voto?**
Es la promesa hecha a Dios, por la cual una persona se impone libremente la obligación, bajo pecado, de hacer algo especialmente agradable a Dios.
*Los votos de pobreza, castidad y obediencia emitidos por los religiosos son promesas de llevar una vida de pobreza evangélica, de celibato consagrado y de generosa obediencia a los superiores religiosos.*

NOTAS

# Lección 35: El Tercer Mandamiento

*"Recuerda el día del Sábado para santificarlo. Seis días trabajarás y harás todos tus trabajos, pero el día séptimo es el día de descanso para Yahvéh, tu Dios. No harás ningún trabajo, ni tú, ni tu hijo, ni tu hija, ni tu siervo, ni tu sierva, ni tu ganado, ni el forastero que habita en tu ciudad. Pues en seis días hizo Yahvéh el cielo y la tierra, el mar y todo cuanto contienen, y el séptimo día descansó; por eso bendijo Yahvéh el día Sábado y lo hizo sagrado." [Exodo 20:8-11].*

**1. ¿Cuál es el tercer mandamiento?**
Santificarás las fiestas.
*El día de precepto en el A.T. era el Sábado. Los Cristianos se reunían el primer día de la semana para conmemorar la resurrección del Señor. Las autoridades eclesiásticas confirmaron el Domingo como el día para culto en comunidad.*

**2. ¿A qué te obliga el tercer mandamiento?**
Obliga a los Católicos, a observar el domingo como día de descanso y asistir a la Santa Misa. En muchos lugares la obligación de oír Misa puede cumplirse la tarde del Sábado.

**3. ¿Cuáles son los días de precepto (asistencia obligatoria a la Misa) en los Estados Unidos?**
1) La Navidad—25 de Diciembre.
2) La fiesta de María, Madre de Dios—1 de Enero.
3) El Jueves de la Ascensión—40 días después de Pascua.
4) La Asunción de la Santísima Virgen María—15 de Agosto.
5) La Solemnidad de Todos los Santos—1 de Noviembre.
6) La Inmaculada Concepción—8 de Diciembre.

**4. ¿Es obligación la asistencia de la Misa los domingos y días de precepto?**
Sí, y por lo tanto faltar a Misa por propia culpa es pecado grave.

**5. ¿Estás dispensado en algún caso de asistir a Misa?**
Sí, pero únicamente por motivos serios.
*Tales son enfermedad, cuidado de personas enfermas, distancia notable de la iglesia, algún trabajo necesario.*

6. **¿Puede algún sacerdote dispensarte de dicha obligación?**
Sí, tu párroco o tu confesor pueden dispensarte con razón suficiente.

7. **¿A qué te obliga, como padre de familia, el tercer mandamiento?**
Te obliga a mirar cuidadosamente por que tus hijos asistan a Misa los Domingos y días de Precepto.

8. **¿Qué significa "descanso dominical obligatorio?"**
Significa que no se pueden realizar trabajos manuales, a no ser por verdadera necesidad.
*Los actos de caridad, como cuidado de enfermos, o los quehaceres domésticos ordinarios están, por supuesto, permitidos. Algunos trabajos, tomados como pasatiempo, como el cuidado sencillo del jardín no están prohibidos. Otros como trabajos de reparación de carro, el lavado manual de la ropa de la semana, comprometen la santidad del domingo y del espíritu de descanso.*

9. **¿Está prohibido practicar deportes los domingos?**
No, a menos que impidan las obligaciones religiosas.
*Por ejemplo, tener algunos juegos, bailar, mirar películas.*

## NOTA

1. La Iglesia cambió el Día del Señor del Sábado al Domingo, porque nuestro Señor resucitó de entre los muertos el Domingo, y el Espíritu Santo descendió sobre los Apóstoles el Domingo de Pentecostés.

2. "El Día del Señor es la fiesta primordial que debe inculcarse a la piedad de los fieles, de modo que sea también el día de alegría y de liberación del trabajo...el fundamento y el núcleo de todo el año litúrgico." (Conc. Vat. II Liturgia n.106).

NOTAS
_____
_____
_____
_____
_____

# Leccion 36: El Cuarto Mandamiento

*"Hijo, cuida de tu padre en su vejez, en su vida no le causes tristeza. Aunque haya perdido la cabeza, sé indulgente, no lo desprecies en la plenitud de tu vigor. Pues el servicio hecho al padre no quedará en olvido, será para tí restauración en lugar de tus pecados. El día de tu tribulación se acordará él de tí, como hielo en buen tiempo, se disolverán tus pecados." [Sirac. 3:12-15].*

**1. ¿Cuál es el cuarto mandamiento?**
Es honrar a tu padre y madre.

*"En obra y palabra honra a tu padre, para que te alcance su bendición, pues la bendición de padre afianza la casa de los hijos, y la maldición de la madre destruye los cimientos." [Sirac. 3:1-15].*

**2. ¿Cuáles son los deberes de los hijos para con los padres?**
a) Amarlos y respetarlos toda la vida.
b) Obedecerles en todo lo que no es pecado.
c) Ayudarles cuando llegan a la ancianidad, o están enfermos o desamparados.
d) Mirar por que reciban los Ultimos Sacramentos y un funeral Católico.

**3. ¿Hasta cuándo está obligado el hijo a obedecer a sus padres?**
Hasta que cumpla los veintiún años, o hasta cuando se separe de la familia, por motivo de matrimonio, sacerdocio, vida religiosa o algo similar.

**4. ¿Están tus padres primero que tu conyuge?**
No, la obligación primera es tu conyuge y tus hijos.

**5. ¿Cuáles son los pecados contra el cuarto mandamiento?**
Son desobedecer, odiar, amenazar, maldecir, golpear, insultar a los padres, avergonzarse de ellos, tratarlos desconsideradamente, causarles cólera o tristeza.

**6. ¿Qué más te obliga a hacer el cuarto mandamiento?**
Respetar a toda autoridad legítima, especialmente a las autoridades eclesiásticas y civíles.

*"Sométanse todos a las autoridades constituídas, pues no hay autoridad que no provenga de Dios, y las que existen, por Dios han sido constituídas. De modo que quien se opone a la autoridad, se revela contra el orden divino...Dad a cada cual lo que se le debe: a quien impuestos, impuestos; a quien tributo, tirbuto; a quien respeto, respeto; a quien honor, honor." [Romanos 13:1-17].*

**7. ¿Cuáles son los deberes de los padres para con los hijos?**
Véase la lección 32, pág. 106.

## PUNTOS PRACTICOS

1. El patriotismo es virtud y deber Cristiano. Comprende amor al propio país, interés por su bienestar, respeto y obediencia a la autoridad civil. Son obligaciones morales el sufragio honrado y responsable, el pago de los impuestos justos, la defensa de los derechos del propio país.

2. Si el Gobierno impone leyes contrarias a las leyes de Dios, debemos oponernos a ellas y rehusar su obediencia. "Hay que obedecer a Dios más que a los hombres." [Hechos 5:29].

NOTAS

_____
_____
_____
_____
_____
_____
_____
_____
_____
_____
_____
_____
_____
_____

# Lección 37: El Quinto Mandamiento

*"Entonces Yahvéh formó al hombre con polvo del suelo, e insufló en sus narices aliento de vida, y resultó el hombre un ser viviente." [Genesis 2:7].*

**1. ¿Cuál es el quinto mandamiento?**
No matarás.

**2. ¿A qué te obliga el quinto mandamiento?**
A respetar la vida, salud y bienestar físico de nosotros mismos y de los demás.

**3. ¿Cuáles son los pecados graves contra el quinto mandamiento?**
a) El homicidio, que es la muerte injusta causada a un inocente.
b) El aborto, es decir la muerte causada deliberadamente a un niño, aún no nacido.
c) La destrucción, manejar a alta velocidad.
d) "La eutanasia" matar a una inocente persona que se está muriendo de una enfermedad incurable.
e) Causar un grave daño o la muerte a una persona por negligencia.
f) La esterilización, por razones agoístas.
g) El excesivo uso del alcohol o drogas deliberadamente.
h) Serio enojo y odio.

**4. ¿Te está permitido alguna vez emplear la fuerza o dar la muerte?**
Solamente, en defensa propia, si es el único medio de hacerlo, pero sólo en el momento en que ésta se halla seriamente amenazada.

**5. ¿Está permitido en algún caso el aborto?**
No, porque causar directa y deliberadamente la muerte de una persona inocente, aunque sea la de un niño aún sin nacer, es homicidio.
*Los Católicos que colaboran en la realización de un aborto quedan automáticamente excomulgados. (ley Canonica 1398) Véase la lección relativa a los pecados contra el matrimonio.*

**6. ¿Está permitido en algún caso el suicidio?**
No, pues tu vida pertenece a Dios, y únicamente El puede quitártela.
*Generalmente una persona mentalmente balanceada desea vivir. Los que cometen suicidio se piensa que estuvieron sufriendo de severa depresión. De acuerdo a eso, pudiera oficiárseles un funeral Católico.*

**7. ¿Está permitida la eutanasia en algunos casos?**
No, puesto que es homicidio.
*La persona que permite que le quiten la vida de esa manera es culpable de suicidio.*

**8. ¿Está permitida la esterilización?**
Hacerse cortar o ligar las trompas de Falopio o las glándulas seminales es una forma de mutilación y por lo tanto, pecado mortal.
*Los órganos de la reproducción pueden ser extirpados quirúrgicamente, o hacerse inoperantes, solamente cuando están enfermos y constituyen peligro para todo el organismo. La esterilización como medida anticonceptiva es inmoral.*

**9. ¿Qué clase de pecado es embriagarse?**
La embriaguez total es pecado mortal. Embriagarse sin llegar al exceso es pecado venial.
*El hábito de beber que afecta seriamente a la salud, o produce escándalo, o destruye en la persona su sentido de responsabilidad por la sustentación de la familia, es pecado mortal, aunque la persona nunca llegue a embriagarse plenamente.*

**10. ¿Puedes alguna vez usar narcóticos?**
Unicamente cuando lo prescriba un médico competente, y de acuerdo con sus instrucciones.

**11. ¿Son la ira y la aversión pecados mortales?**
Ordinariamente son pecados veniales, a no ser que desees a otra persona un grave daño. Enojo sin control es llamado furia.

**12. ¿Hay alguna clase de ira que no es pecaminosa?**
Sí, la ira que nace del celo por la justicia, el honor de Dios, o alguna otra causa justa.
*La ira es una buena emoción que muestra a otros nuestra inconformidad. Jesús, por ejemplo, estaba enojado con los mercaderes en el templo.*

13. En caso de guerra, cuando la nación se defiende de una agresión injusta, ¿es lícito usar cualquier medio para rechazar al enemigo?

No podemos efectuar acciones bélicas o emplear armas que ataquen a ciudadanos inocentes e indefensos de la nación enemiga. La idea de la "guerra total" debe ser proscrita. *"Toda acción bélica que tiende indiscriminadamente a la destrucción de ciudades enteras, o de extensas regiones junto con sus habitantes, es un crimen contra Dios y la humanidad, que hay que condenar con firmeza y sin vacilaciones". [Conc. Vat. II La Iglesia hoy n.80].*

## PUNTOS PRACTICOS

1. La palabra "obsceno," que antes se empleaba para designar materias ofensivas a la castidad, es actualmente usada, con frecuencia, para describir escenas de violencia, características de muchas películas modernas y programas de televisión. Mirar de continuo programas que ponen en acción luchas violentas, peleas, odio, venganza, y las consecuencias de esos sentimientos, que son heridas, sufrimientos y muerte, difícilmente preparan a una persona para que se acuerde en los momentos conflictivos de las recomendaciones de Jesús, tales como: "Bienaventurados los mansos...los pacíficos...Perdona setenta veces siete."

2. "Los que están al servicio de su patria como miembros de las fuerzas armadas deben considerarse instrumentos de seguridad y libertad en beneficio de su pueblo. Desempeñando su función apropiadamente estan haciendo una genuina contribución al establecimiento de la paz" [Concilio Vaticano II, La Iglesia Hoy, par. 79].

NOTAS

# Lección 38: El Sexto y Noveno Mandamientos

*"Pero el cuerpo no es para la fornicación, sino para el Señor, y el Señor para el cuerpo. Y Dios que resucitó al Señor, nos resucitará también a nosotros mediante su poder. ¿No sabeis que vuestros cuerpos son miembros de Cristo? Y ¿Había yo de tomar los miembros de Cristo para hacerlos miembros de meretriz. De ningún modo. O no sabeis que quien se une a la meretriz se hace un solo cuerpo con ella? Pues está dicho:— Los dos se harán una sola carne. Mas el que se une al Señor, se hace un solo espíritu con El. Huid de la fornicación. Todo pecado que comete el hombre queda fuera de su cuerpo; mas el que fornica, peca contra su propio cuerpo. ¿O no sabeis que vuestro cuerpo es santuario del Espíritu Santo, que está en vosotros y habeis recibido de Dios, y que no os perteneceis? Habeis sido bien comprados. Glorificad, por tanto, a Dios en vuestro cuerpo." [1 Corintios 6:13-20].*

**1. ¿Cuál es el sexto mandamiento?**
No fornicarás

**2. ¿Cuál es el noveno mandamiento?**
No codiciarás la mujer o el hombre de tu prójimo.

**3. ¿A qué te obligan estos dos mandamientos?**
A practicar la virtud de la castidad de acuerdo con tu estado de vida.
*La castidad regula el uso de las relaciones sexuales entre las personas casadas, y prohibe el uso de tales relaciones entre personas no casadas.*

**4. ¿Quiénes son los únicos que pueden practicar actos sexuales?**
Solamente los esposos casados legítimamente, que actúan en conformidad con los santos planes de Dios y sus leyes.

**5. ¿Cuáles son los pecados más frecuentes contra el sexto mandamiento?**
a) El adulterio.
b) La fornicación.
c) Abuso propio.
d) Tocamientos impuros, miradas, besos, bailes, lecturas.
e) Mirar fotos, bailes, lecturas, películas impuras.
f) Pecados contra la naturaleza.
g) El vestido indecente.

**6. ¿Qué es adulterio?**
Es la unión sexual de una persona casada, con otra que no sea su conyuge.
*"A los fornicadores y adúlteros los juzgará Dios." [Hebreos 13:4].*

**7. ¿Qué es la fornicación?**
Es la unión sexual entre un hombre y una mujer no casados.

**8. ¿Qué es el abuso propio?**
Provocar solo el placer sexual; también llamado masturbación.

**9. ¿Cuáles son los pecados contra la naturaleza?**
Son las perversiones cometidas con otra persona o con animales.
*"No os engañeis. Ni los impuros, ni los idólatras, ni los adúlteros, ni los afeminados, ni los homosexuales...heredarán el Reino de Dios." [1 Corintios 6:9-10].*

**10. ¿Qué se prohibe en el noveno mandamiento?**
Los pensamientos y deseos impuros.
*"Pues yo os digo:—Todo el que mira a una mujer deseándola, ya cometió adulterio en su corazón." [Mateo 5:28].*

**11. ¿Cuándo eres culpable de pensamientos impuros?**
Cuando mantienes tales pensamientos en tu mente voluntariamente y a propósito.
*"Porque de adentro del corazón de los hombres salen las intenciones malas: fornicación...adulterio...lujuria." [Marcos 7:21].*

**12. ¿Es posible llevar una vida pura?**
Sí, con la ayuda de Dios:
a) Si te apartas de las ocasiones próximas de pecado, o sea de personas, lugares y cosas que te puedan llevar fácilmente al pecado.
b) Si rezas frecuentemente y recibes el Sacramento de la Penitencia y la Sagrada Comunión con regularidad y frecuencia.
c) Si evitas la ociosidad.
d) Si practicas el dominio de tí mismo en cosas que son ilícitas; por ejemplo, si te privas, con espíritu de sacrificio de algunas cosas que te gustan, o haces otras que no te gustan.

*"Los atletas se privan de todo, y eso por una corona que se marchita; nosotros en cambio, por una que no se marchita."*
*[1 Corintios 9:25].*

## NOTA

"En el campo de la sexualidad, el Cristiano debe ser modesto en su comportamiento y en su forma de vestir. En una sociedad saturada de sexualidad, el seguidor de Cristo debe ser diferente. Para el Cristiano no existe práctica sexual prematrimonial, ni fornicación, ni adulterio, ni otros actos de impureza o de escándalo. El Cristiano puede permanecer casto rechazando deseos sensuales y tentaciónes; y evitando la masturbación, pornografía y entretenimiento indecente de cualquier clase" [Basic Teachings, American Bishops par. 19]

NOTAS

_____
_____
_____
_____
_____
_____
_____
_____
_____
_____
_____
_____
_____
_____
_____
_____

# Lección 39: El Séptimo y Décimo Mandamientos

*"Y creó Dios al hombre a imagen suya, a imagen de Dios lo creó; macho y hembra los creó. Y los bendijo Dios y les dijo:—Sed fecundos y multiplicaos, y llenad la tierra y sometedla; dominad en los peces del mar, en las aves del cielo y en todo animal que serpean sobre la tierra. Dijo Dios;—Mirad que os he dado toda hierba de semilla, que existe sobre la faz de toda la tierra y todo árbol que lleva fruto de semilla; eso os servirá de alimento." [Génesis 1:27-29].*

**1. ¿Cuál es el séptimo mandamiento?**
No hurtarás.

**2. ¿Cuál es el décimo mandamiento?**
No codiciarás los bienes ajenos.

**3. ¿A qué te obligan estos mandamientos?**
A respetar la propiedad de los demás.

**4. ¿Qué es lo que significa hurtar?**
Es tomar algo que no te pertenece y cuyo dueño no estaría dispuesto a darte.

**5. ¿Cuáles son algunas formas de hurto?**
a) Robar y asaltar.
b) Deshonestidad.
c) Cometer fraude.
d) No pagar las cuentas, impuestos o deudas.
e) No sostener la familia.
f) Hacer daño a la propiedad de otros.
g) Desperdiciar tiempo o materiales en el trabajo.
h) No pagar a los empleados el salario justo.

**6. ¿Qué clase de pecado es robar?**
Robar algo de mucho valor es pecado mortal; robar cosas de poco valor es pecado venial.

**7. ¿Puedes quedarte con los objetos robados?**

No, tienes que devolver el artículo robado o su valor a quien le fueron robados, ya sea que los hayas hurtado tú mismo o los hayas recibido de otro.

*No importa que pequeño sea el robo—cubiertos de plata, ceniceros, toallas—debes devolverlas sin comprometer tu buen nombre. Si los objetos están dañados o se han consumido, debes reparar la falta ayudando a los pobres.*

**8. ¿Qué debes hacer, si no puedes encontrar al dueño?**

Destinar los objetos robados o su valor a alguna obra de caridad.

**9. ¿Qué debes hacer, si causas daño a la propiedad ajena?**

Reparar el daño, sin pena de ser culpable de pecado.

*El pecado es mortal o venial, según el valor del objeto dañado o destruído.*

**10. ¿Qué debes hacer con algo que te encuentras?**

Ver si puedes encontrar al dueño.

*Si el artículo es de mucho valor debes gastar algún dinero en hacer anuncio de él. El dueño tiene que pagarte cuanto hayas gastado por encontrarlo.*

**11. ¿Es pecado el juego de azar?**

No es pecado si:

a) se trata de tu dinero.

b) no privas a tu familia de las cosas que necesita.

c) si todos tienen la misma oportunidad de ganar.

**12. ¿Cuáles son los deberes de los empleados?**

a) No desperdiciar tiempo ni materiales.

b) Trabajar a conciencia.

c) Respetar las cláusulas del contrato de trabajo, resultado de convenios colectivos justos.

d) Respetar los derechos de los empleadores, a la vez defender los derechos de los compañeros trabajadores, dando apoyo a las uniones honradas de trabajadores.

**13. ¿Cuáles son los deberes de los empleadores?**

a) Pagar a los empleados salario justo.

b) Mirar por la seguridad de los empleados.

c) Respetar los términos del contrato de trabajo, resultado de convenios colectivos justos.

d) Emplear únicamente medios honrados para defender los propios derechos, y respetar los derechos de los trabajadores, formando honrados sindicatos de obreros.

NOTAS

# Lección 40: El Octavo Mandamiento

*"La lengua, que es uno de nuestros miembros, contamina todo el cuerpo y encendida por la gehenna, prende fuego a la rueda de la vida desde sus comienzos. Toda clase de fieras, aves, reptiles, y animales marinos pueden ser domados y de hecho han sido domados por el hombre, en cambio ningún hombre ha podido domar la lengua; es un mar turbulento lleno de veneno mortífero. Con ella bendecimos al Señor y Padre y con ella maldecimos a los hombres, hechos a imagen de Dios; de una misma boca proceden la bendición y la maldición. Esto, hermanos míos, no debe ser así." [Santiago 3:6-10].*

**1. ¿Cuál es el octavo mandamiento?**
No levantarás falso testimonio, ni mentirás.

**2. ¿A qué te obliga el octavo mandamiento?**
A usar el lenguaje en conformidad con el plan de Dios, o sea para decir la verdad.

**3. Señala algunos pecados en contra del octavo mandamiento.**
a) Mentir.
b) Dañar la reputación de otros.
c) Criticar injustamente.
d) Chismear.
e) Insultar.
f) Quebrantar un secreto.
g) Juzgar a otros sin evidencia.
h) Revelar injustamente los pecados ajenos.
i) Perjurar.

**4. ¿Qué clase de pecado es mentir?**
Ordinariamente mentir es un pecado venial, a no ser que se dañe seriamente a otra persona.

**5. ¿Te está permitido alguna vez mentir?**
No, no se puede decir ni la más pequeña mentira, ni siquiera para salvar la vida o la reputación de otro.
*"Por lo tanto, desechando la mentira, hablad con verdad cada cual con su prójimo, pues somos miembros los unos de los otros." [Efesios 4:25].*

6. **¿Qué debes hacer, si has dicho una mentira respecto a otra persona?**
Debes hacer todo lo que puedas para restaurar su buen nombre y reparar cualquier daño sufrido a causa de tus mentiras.

7. **¿Es pecado descubrir los pecados ocultos de otra persona?**
Sí, a no ser que una tercera esté en peligro de sufrir daño; en tal caso estás obligado a denunciarlo a las autoridades correspondientes.

8. **¿Es pecado dar oído a murmuraciones?**
Sí, puesto que de ese modo cooperas al pecado de otro.
*Es deber de caridad defender la reputación ajena, cuando es atacada.*

9. **¿Es pecado perjurar?**
Decir mentira después de jurar ante Dios que se va a decir la verdad, es siempre pecado mortal.
*"El testigo falso no quedará impune, el que profiere mentiras, perecerá." [Proverbios 19:9].*

10. **¿Estás moralmente obligado a guardar los secretos?**
Sí, cuando revelarlos menoscabaría el derecho que tiene alguno para que algo se mantenga oculto.
*Tal es el caso de quien ha prometido guardar un secreto; o cuando las funciones de determinada persona, como consejero, médico, o abogado obligan al secreto profesional.*

NOTAS

_____

_____

_____

_____

_____

_____

_____

# Lección 41: Fe, Esperanza y Caridad

*"Habiendo, pues, recibido de la fe nuestra justificación, estamos en paz con Dios, por nuestro Señor Jesucristo, por quien hemos obtenido también, mediante la fe, el acceso a esta gracia, en la cual nos hallamos, y nos gloriamos en la esperanza de la gloria de Dios...y la esperanza no falla, porque el amor de Dios ha sido derramado en nuestros corazones por el Espíritu Santo, que nos ha sido dado." [Romanos 5:1-2,5].*

**1. ¿Qué deberes te ayudan a cumplir la virtud de la fe?**
El deber de creer firmemente todo lo que Dios ha revelado, defender tu fe Católica abiertamente cuando sea necesario, luchar contra las tentaciones de la fe, dar testimonio de tu fe a los demás con un verdadero entusiasmo misionero.

**2. ¿Qué deberes te ayudan a cumplir la virtud de la esperanza?**
El de esperar confiadamente que Dios te concederá la salvación eterna y todos los medios para alcanzarla, el de luchar contra las tentaciones contrarias a la esperanza Cristiana.
*Es pecado contra la esperanza desconfiar de Dios o mantener una esperanza equivocada, como sería confiar en la misericordia de Dios, a la vez que se rehusara detestar los pecados y enmendar la vida. (presunción)*

**3. ¿Qué deberes te ayudan a cumplir la virtud de la caridad?**
El deber de amar a Dios con todo tu corazón porque El es toda bondad y amar a tu prójimo como Jesús te ha amado.
*"Si alguno dice: Amo a Dios, y aborrece a su hermano, es un mentiroso." [1 Juan 4:20].*

**4. ¿Qué implica el mandamiento de amar a Dios de todo corazón?**
Significa que somos llamados a estimar a Dios más intensamente que a cualquier otra cosa de la creación y hacer todo lo que Él nos manda; amarlo sin poner condiciones es el ideal del amor Cristiano.
*"El divino Maestro y Modelo de toda perfección, el Señor Jesús, predicó a todos y cada uno de sus discípulos, cualquiera que fuera su condición, la santidad de vida, de la que El es el iniciador y consumador: "sed, pues, vosotros perfectos, como vuestro Padre Celestial es perfecto". [Mateo 5:48] [Conc. Vat. II Iglesia n.40].*

**5. ¿Cuáles son las mejores formas de mostrar amor al prójimo?**

a) Las obras de misericordia espiritual, como amonestar a los pecadores, instruir a los ignorantes, dar consejo a quien lo ha menester, consolar a los afligidos, soportar pacientemente las molestias de los demás, perdonar las injurias, rogar por vivos y muertos.

b) Las obras de misericordia corporal: alimentar a los hambrientos, dar de beber a los sedientos, arropar a los que visten pobremente, rescatar a los cautivos, refugiar a los que no tienen hogar, visitar a los enfermos, sepultar a los muertos.

**6. ¿Nos presentó Jesús alguna vez un esquema de perfecta vida Cristiana?**

Sí, en el sermon del monte [Mateo cap. 5], se nos da una lista de virtudes que fomentarán la unión con Cristo y otra gente.

NOTAS

_____

_____

_____

_____

_____

_____

_____

_____

_____

_____

_____

_____

_____

_____

_____

_____

_____

_____

## Lección 42: Ayuno y Abstinencia

*"Jesús, lleno del Espíritu Santo, se volvió del Jordán, y fue llevado por el Espíritu al desierto, donde fue tentado por el diablo, durante cuarenta días. No comió nada en aquellos días y, al cabo de ellos, sintió hambre."* [Lucas 4:1-2].

**1. ¿Qué es el ayuno?**
Es tomar una cantidad de alimento menor que la ordinaria. La ley de la Iglesia para un día de ayuno prescribe:
a) Una sola comida completa (con carne, si se desea).
b) Dos pequeñas comidas sin carne (se entiende que son pequeñas cuando juntas no llegan a la cantidad de una comida completa).
c) Ningún alimento entre las comidas.

**2. ¿Quiénes están obligados a ayunar?**
Los Católicos que han cumplido 18 años y hasta que cumplan 59 años. Una razón suficiente como estar enfermo, estar en cinta, etc. dispensa el ayuno.

**3. ¿Cuáles son los días de ayuno obligatorio?**
El miércoles de Ceniza y el Viernes Santo.
*El ayuno es una de las formas mejores de disciplina Cristiana. Nadie debería estar satisfecho con el mínimo de ayuno exigido por la ley.*

**4. ¿Qué es la abstinencia?**
La ley de la Iglesia respecto a la abstinencia dice que en determinados días no se debe comer carne.

**5. ¿De qué "carne" hablamos aquí?**
De la que proviene de cualquier ave o animal de sangre caliente. *Está permitido el pescado en días de abstinencia. En el pescado se incluyen langostas, cangrejos, tortugas, ostras, ranas, conchas, almejas, etc.*

**6. ¿Quién está obligado a la abstinencia?**
Todos los Católicos que han cumplido catorce años.

**7. ¿Cuáles son los días de abstinencia obligatoria?**

El Miércoles de Ceniza y los viernes de Cuaresma.

*Por lo tanto, el Miércoles de Ceniza y el Viernes Santo hay que observar ayuno y abstinencia. En tales días no se puede comer carne en la comida.*

## NOTAS

_____

_____

_____

_____

_____

_____

_____

_____

_____

_____

_____

_____

_____

_____

_____

_____

_____

_____

_____

_____

_____

_____

_____

_____

_____

# ORACIONES

**1. La señal de la cruz.**
En el nombre del Padre y del Hijo y del Espíritu Santo. Amén.
*La señal de la cruz es el Sacramental usado más frecuentemente*
*en la Iglesia. Fue usado comunmente en el siglo II e incorporado en*
*la liturgia en el siglo IV. La invocación de la Trinidad en conjunto*
*con la señal probablemente se originó con el esfuerzo de combatir*
*las denegaciones de los Monofasitas en el siglo VI.*

**2. El Padre Nuestro.**
Padre nuestro, que estás en el cielo, santificado sea tu Nombre;
venga a nosotros tu reino; hágase tu voluntad en la tierra como en
el cielo. Danos hoy nuestro pan de cada día; perdona nuestras
ofensas como también nosotros perdonamos a los que nos ofenden; no nos dejes caer en la tentación; y libranos del mal. Amén.

**3. El Ave María.**
Dios te salve, María, llena eres de gracia; el Señor es contigo;
bendita tu eres entre todas las mujeres, y bendito es el fruto de tu
vientre, Jesús. Santa María, Madre de Dios, ruega por nosotros
pecadores, ahora y en la hora de nuestra muerte. Amén.

**4. El Credo.**                                        [TRADICIONAL]
Creo en Dios, Padre todopoderoso, Creador del ciel y de la tierra,
y en Jesucristo su único Hijo, nuestro Señor, que fué concebido por
obra y gracia del Espíritu Santo, nació de santa María Virgen,
padeció bajo el poder de Poncio Pilato, fué crucificado, muerto y
sepultado, descendió a los infiernos, al tercer día resucitó de entre
los muertos, subió a los cielos y está sentado a la derecha de Dios,
Padre todopoderoso. Desde allí ha de venir a juzgar a vivos y
muertos. Creo en el Espíritu Santo, la Santa Iglesia Católica, la
comunión de los santos, el perdón de los pecados, la resurrección
de la carne y la vida eterna. Amén.

[CONTEMPORANEO]
Creo en Dios, Padre todopoderoso, Creador del cielo y de la tierra.
Creo en Jesucristo, su único Hijo, nuestro Señor, que fue concebido
por obra y gracia del Espíritu Santo, nació de santa María Virgen,
padeció bajo el poder de Poncio Pilato, fue crucificado, muerto y
sepultado, descendió a los infiernos, al tercer día resucitó de entre
los muertos, subió a los cielos y está sentado a la derecha de Dios,
Padre todopoderoso. Desde allí ha de venir, a juzgar a vivos y
muertos. Creo en el Espíritu Santo, la santa Iglesia Católica, la
comunión de los santos, el perdón de los pecados, la resurreción
de la carne y la vida eterna. Amén.

## 5. El Gloria.

Gloria al Padre y al Hijo y al Espíritu Santo. Como era en el principio, ahora y siempre, y por los siglos de los siglos. Amén.

Gloria al Padre, y al Hijo y al Espíritu Santo. Como era en el principio, ahora y para siempre. Amén.

## 6. Acto de Contrición.

¡Oh Dios mio! de todo corazón me pesa haberte ofendido y detesto todos mis pecados, porque merecen tu castigo, pero sobre todo porque te ofenden a tí que eres toda bondad y digno de todo mi amor. Propongo firmemente, con la ayuda de tu gracia, nunca más pecar y evitar las ocasiones de pecado. Amén.

## 7. Bendición antes de comer.

Bendicenos, Señor, y estos dones, que vamos a recibir de tu generosidad, por Cristo, nuestro Señor. Amén.

## 8. Gracias después de comer.

Te damos gracias por todos tus beneficios, Dios Onmipotente, que vives y reinas por los siglos de los siglos. Que las almas de los fieles que han partido, por la misericordia de Dios, descansen en paz. Amén.

## 9. Acto de Fe.

O Dios mío, creo firmemente que tú eres un solo Dios en tres personas divinas, el Padre, Hijo, y Espíritu Santo. Creo que tu Hijo divino se hizo hombre y murió por nuestros pecados, y que vendrá a juzgar a vivos y muertos. Creo éstas y todas las verdades que la Santa Iglesia Católica enseña, porque tu las has revelado, quien no puede defraudar ni ser defraudado.

## 10. Acto de Esperanza.

Oh mi Dios, confiando en tu infinita bondad y misericordia, espero obtener el perdón de mis pecados, la ayuda de tu gracia y la vida eterna, por los meritos de Jesucristo, nuestro Señor y Redentor. Amén.

## 11. Acto de Amor.

Oh mi Dios, te amo sobre todas las cosas, con todo mi corazón, y mi alma, porque tú eres toda bondad y digno de todo mi amor. Amo a mi prójimo como a mí mismo por tu amor. Perdono a todos los que me han herido y pido perdón a los que yo he ofendido. Amén.

## 12. La Salve.

Dios te salve, Reina y Madre de misericordia, vida, dulzura y esperanza nuestra, Dios te salve, a tí llamamos los desterrados, hijos de Eva, a tí suspiramos gimiendo y llorando en este valle de lágrimas. ¡Ea, pués, Señora, abogada nuestra! Vuelve a nosotros esos tus ojos misericordiosos, y después de este destierro, muestranos a Jesús, fruto bendito de tu vientre. Oh clemente, oh piadosa, oh dulce siempre Virgen María.

[AGREGAR CUANDO SE REZA EL ROSARIO]
Ruega por nosotros, Santa Madre de Dios, para que seamos dignos de alcanzar las divinas promesas de Cristo.

Oremos, Oh Dios todopoderoso, tu único Hijo con su vida, muerte y resurrección obtuvo para nosotros los gozos del cielo. Concédenos, te pedimos, que al meditar sobre estos misterios del rosario, podamos imitar su contenido y obtener lo que prometen. Por Jesucristo, nuestro Señor. Amén.

## 13. El Yo Pecador.                    [TRADICIONAL]

Yo pecador, me confieso a Dios todopoderoso, a la Santísima Virgen María, al Arcángel San Miguel, a San Juan Bautista, a los santos apóstoles Pedro y Pablo, y a todos los Santos, que he pecado mucho de pensamiento, palabra y acción, por mi culpa, por mi culpa, por mi gran culpa. Por eso ruego a Santa María siempre Virgen, al Arcángel San Miguel, San Juan Bautista, los Santos Apóstoles, Pedro y Pablo, y a todos los Santos que rueguen al Señor nuestro Dios por mí. Que el Señor todopoderoso tenga misercordia, perdone mis pecados, y me lleve a la vida eterna. Amén. Que Dios todopoderoso y misericordioso me conceda el perdón, absolución, y remisión de todos mis pecados. Amén

[CONTEMPORANEO]
Yo confieso ante Dios todopoderoso y ante vosotros, hermanos, que he pecado mucho de pensamiento, palabra, obra y omisión. Por mi culpa, por mi culpa, por mi gran culpa. Por eso ruego a Santa María, siempre Virgen, a los ángeles, a los Santos y a vosotros, hermanos, que intercedais por mí ante Dios, nuestro Señor. Amén.

## 14. Memorare.

Acordaos, oh piadosísima Virgen María, que jamás se ha oído decir que uno solo de cuantos han acudido a vuestra protección e implorado vuestro socorro, haya sido desamparado de vos. Yo pecador, animado con tal confianza, acudo a vos, oh Madre, Virgen de las vírgenes, a vos vengo, delante de vos me presento gimiendo. No querais, oh Madre del Verbo, despreciar mis súplicas, antes bien, oídlas y despachadlas benignamente. Amén.

## 15. Oraciones de la Mañana.
En el nombre del Padre y del Hijo y del Espíritu Santo. Amén

*Oh Jesús, por medio del Corazón Inmaculado de María, te ofrezco mis oraciones, trabajos, gozos y sufrimientos de este día por las intenciones de tu Sagrado Corazón en unión del Santo Sacrificio de la Misa en todo el mundo.*

Padre Nuestro...
Dios te salve María...
Creo en Dios Padre...
Gloria al Padre...Actos de Fe, Esperanza y Caridad (Página 134), Angel de Dios que por la Divina Piedad me fuiste dado por guardia, ilumíname, protégeme, dirígeme, gobiérname, Amén.

O Señora mía, oh Madre mía. Yo me ofrezco enteramente a vos. Y en prueba de mi filial afecto, os consagro en este día mis ojos, mi oídos, mi lengua, mi corazón, en una palabra, todo mi ser, ya que soy todo vuestro, oh Madre de bondad, guardadme, defendedme como cosa y posesión vuestra. Amén.

En el nombre del Padre, y del Hijo y del Espíritu Santo. Amén.

## 16. Oraciones de la noche.
En el nombre del Padre y del Hijo y del Espíritu Santo. Amén.
Padre Nuestro...Dios te salve María...Creo en Dios Padre... Gloria al Padre...Oh Dios mío, te doy gracias por tus beneficios, especialmente por estos que he recibido de tu generosidad.

Ilumíname para saber que pecados he cometido hoy, y dame la gracia para arrepentirme de ellos.

*[Ahora recuerda las actividades del día y haz un examen de los pecados que has cometido hoy].*

ACTO DE CONTRICCION: Señor mío Jesucristo, Dios y hombre verdadero, Creador y Redentor mío, por ser Vos quien sois porque os amo sobre todas las cosas, me pesa, de todo corazón haberte ofendido, y propongo firmemente confesarme a su tiempo. Ofrezco cuanto bien hiciere en satisfacción de mis pecados, confío en vuestra bondad y misericordia infinita, que me perdonareis por vuestra preciosísima sangre, y me dareis gracia para nunca mas pecar. Amén.

Jesus, María y José, mi alma y mi corazón con él.
Jesus, María y José, asistidme en mi última agonia.
Jesus, María y José, que expire mi alma en paz contigo.
Que el Señor me bendiga y me lleve a la vida eterna.
Y que las almas de los fieles difuntos descansen en paz. Amén.
En el nombre del Padre, y del Hijo y del Espíritu Santo. Amén.

## 17. Oraciones para la Confesión.

Oh Dios amoroso y misericordioso, ayúdame a hacer una buena confesión. Ayúdame a hacer un buen examen de conciencia para que yo pueda decirle al sacerdote todos los pecados que he cometido y con que frecuencia. Hazme sentir un profundo dolor por mis pecados y concédeme la ayuda necesaria para no volver a pecar.

*[Ahora haz memoria de los pecados que hayas cometido desde tu última confesión y las veces que has cometido cada pecado.]*

Oh Dios mío, me arrepiento de todo corazón de haberte ofendido, y detesto todos mis pecados, porque temo perder el cielo y a las penas del infierno, pero más que todo porque te he ofendido, Dios mío tu eres bondad y mereces todo mi amor. Firmemente determino con la ayuda de tu gracia, confesar mis pecados, hacer la penitencia y enmendar mi vida. Amén.

## 18. Oración para después de la Confesión.

Oh Dios todopoderoso y misericordioso, te doy las gracias por todas las bendiciones que me has otorgado, especialmente por ésta. Concedeme la fortaleza necesaria para combatir las tentaciones y para serte siempre fiel. Renuevo las promesas del bautismo y desde este momento me entrego por completo a tu amor y a tu servicio. No permitas que nada me separe de tí en la vida o en la muerte. Por Jesucristo nuestro Señor. Amén.

**19. Ejemplos de oraciones informales:**
Estas oraciones son expontáneas. Usualmente empiezan con algún sentimiento de asombro, aflicción, gratitud o necesidad.
"Oh Señor, que hermoso debes ser, cuando puedes crear tan brillante sol (pájaro, mariposa, caída de agua, árbol, etc.) "¡Cómo podría agradecerte, Señor, por permitirme estar aquí...para ver y percibir la dulzura de tus montañas!"
"Jesús, tu sabes qué arrepentido estoy. No puedo expresar todo lo que siento. Pero yo se que tú los sabes todo."
"Me siento perdido, Señor. Mi mente está confusa de pensamientos impuros. Ayúdame a tener calma. Ayúdame a recobrar la paz de mi conciencia. Ayúdame a pensar claramente y a escoger el camino correcto, no importa qué difícil parezca."

**20. El Credo Niceno.**
Creo en un solo Dios, Padre todopoderoso, Creador del cielo y de la tierra, de todo lo visible y lo invisible.
Creo en un solo Señor, Jesucristo, Hijo único de Dios, nacido del Padre antes de todos los siglos; Dios de Dios, Luz de Luz, Dios verdadero de Dios verdadero, engendrado, no creado, de la misma naturaleza del Padre, por quien todo fue hecho; que por nosotros, los hombres, y por nuestra salvación bajó del cielo: y por obra del Espíritu Santo se encarnó de María, la Virgen, y se hizo hombre; y por nuestra causa fue crucificado en tiempos de Poncio Pilato; padeció y fue sepultado, y resucitó al tercer día, según las Escrituras, y subió al cielo, y está sentado a la derecha del Padre; y de nuevo vendrá con gloria para juzgar a vivos y muertos, y su reino no tendrá fin.
Creo en el Espíritu Santo, Señor y dador de vida, que procede del Padre y del Hijo, que con el Padre y el Hijo recibe una misma adoración y gloria, y que habló por los profetas. Creo en la Iglesia, que es una, santa, Católica y Apostólica. Confieso que hay un solo bautismo para el perdón de los pecados. Espero la resurrección de los muertos y la vida del mundo futuro. Amén.

NOTAS
_____
_____
_____
_____

# Algunos Nombres Cristianos
## Para El Bautismo

### Hombres

| | | |
|---|---|---|
| Agustín | Daniel | José |
| Alberto | Eduardo | Juan |
| Andrés | Esteban | Pedro |
| Antonio | Fancisco | Roberto |
| Bernardo | Guillermo | Tomás |
| Carlos | Jaime | Vicente |
| | Jorge | |

### Mujeres

| | | |
|---|---|---|
| Ana | Dorotea | Lucía |
| Angela | Elena | Magdalena |
| Bárbara | Francisca | Margarita |
| Bernarda | Gertrudis | Maria |
| Catalina | Isabel | Mónica |
| Cecilia | Irene | Rita |
| Clara | Juana | Rosa |
| Cristina | | Teresa |

**"Pues ¿de qué le sirve al hombre ganar el mundo entero, si pierde su vida? Pues ¿qué puede dar el hombre a cambio de su vida? (Marcos 8:36-37).**

# LOS MISTERIOS DEL ROSARIO

El rosario es una oración, en la cual meditas en los hechos de la vida de Jesús y su santísima Madre. Estos hechos son llamados Misterios y se dividen en tres grupos:

## MISTERIOS GOZOSOS

1. LA ANUNCIACION. El ángel Gabriel trae el mensaje a María.
2. LA VISITACION. María visita a su prima Isabel.
3. EL NACIMIENTO. Jesús nace en Belén.
4. LA PRESENTACION. Jesús es presentado en el templo.
5. EL NIÑO PERDIDO. Jesús es hallado en el templo.
   *Referencias Bíblicas: (1.) San Lucas 1:30-31,38, San Mateo 1:21, Isaías 7:14; (2.) San Lucas 1:41-42, San Juan 3:16; (3.) San Lucas 2:7, 14, Isaías 9:5; (4.) San Lucas 2:23, Exodo 13:2, 1 Corintios 2:9; (5.) San Lucas 2:46-49.*

## MISTERIOS DOLOROSOS

1. LA AGONIA EN EL HUERTO. Jesús suda sangre.
2. LOS AZOTES EN LA COLUMNA.
3. LA CORONACION DE ESPINAS.
4. LA CRUZ A CUESTAS. Jesús carga su cruz.
5. LA CRUCIFIXION. Jesús muere en la cruz.
   *Referencias Bíblicas: (1.) San Mateo 26:37-39, 46, San Lucas 22:44; (2.) San Lucas 18:33, San Juan 19:1, Isaías 53:4; (3.) San Mateo 27:29, San Marcos 15:17-18; (4.) San Mateo 27:31-32, 16:24, Isaías 53:7; (5.) San Lucas 23:33, San Juan 19:16-18.*

## MISTERIOS GLORIOSOS

1. LA RESURRECCION. Jesús resucita de la muerte.
2. LA ASCENSION. Jesús asciende al cielo.
3. LA VENIDA DEL ESPIRITU SANTO sobre los apóstoles.
4. LA ASUNCION. La Virgen María es llevada al cielo.
5. LA CORONACION. María es coronada Reina del Cielo y la Tierra.
   *Referencias Bíblicas: (1.) Actos 3:15, San Mateo 28:5-6, San Marcos 16:5-6; (2.) San Lucas 24:50-51, San Marcos 16:19, Actos 1:2; (3.) Actos 2:1-4, Romanos 15:13, 8:2, San Juan 3:5-6, 16:13-14.*

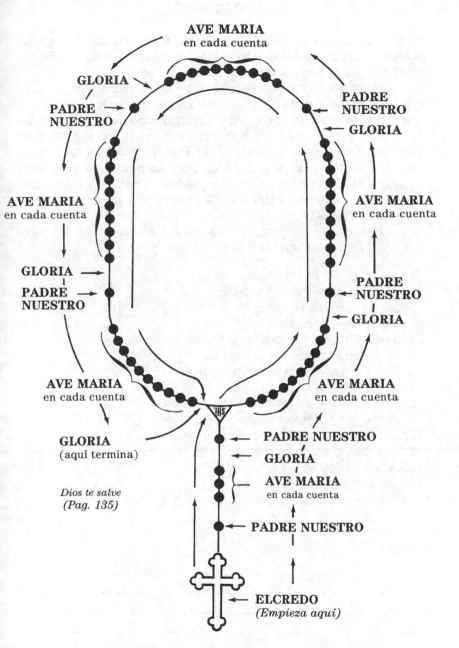

# COMO REZAR EL ROSARIO

*Las oraciones están en la Página 133*

# EL VIACRUCIS

EL Viacrucis es una devoción que consite en acompañar espiritualmente a nuestro Señor en su vía dolorosa, desde el palacio de Pilatos hasta su muerte y sepultura en el monte Calvario.

En los primeros tiempos de la Iglesia, los Cristianos acostumbraban seguir los mismos pasos que dio nuestro Señor, llevando su cruz, pero, como muchas personas no estaban en capacidad de hacer un viaje a Jerusalén, la Iglesia instituyó la devoción conocida con el nombre de Viacrucis. En cada iglesia Católica puedes ver catorce cuadros o esculturas, que te traen a la mente los principales hechos de las últimas horas de Jesús. Hacer el viacrucis significa caminar desde la primera hasta decimocuarta estación, deteniéndote en cada una, para meditar en la escena, que representa.

*Referencias Bíblicas: Mateo 27:24-60, Marcos 15:15-46, Lucas 23:24-53, Juan 19:16-42.*

Estos son los títulos de las estaciones:
1. Jesús es condenado a muerte.
2. Jesús carga con la cruz.
3. Jesús cae por primera vez
4. Jesús encuentra a su afligida Madre.
5. Jesús es ayudado por el Cireneo.
6. La Verónica enjuga el rostro de Jesús.
7. Jesús cae por segunda vez.
8. Jesús consuela a las hijas de Jerusalén.
9. Jesús cae por tercera vez.
10. Jesús es despojado de sus vestiduras.
11. Jesús es clavado en la cruz.
12. Jesús muere en la cruz.
13. Jesús es bajado de la cruz.
14. Jesús es puesto en el sepulcro.

NOTAS

_____

_____

_____

_____

_____

# *Prueba historica*
# LA IGLESIA CATOLICA es APOSTOLICA

San pedro de Bethsaida en Galilea, Principe de los Apostoles, quien recibió de Jesucristo el Poder de la Suprema Pontificia para ser transmitido a sus sucesores, residió primero en Antioquía, Luego en Roma Por veinticinco años donde fué martir en el año 64, ó 67 de la conjetura común.

## Los Papas Supremas de San Pedro:

| | | | | | | | |
|---|---|---|---|---|---|---|---|
| San Lino, M. | 76 | San Diosdado o | | Juan XIII | 972 | Inocencio VI | 1362 |
| San Cleto, M. | 88 | Adeodato I | 618 | Benedicto VI | 974 | B. Urbano V | 1370 |
| San Clemente I, M. | 97 | Bonifacio V | 625 | Benedicto VII | 983 | Gregorio XI | 1378 |
| San Evaristo, M. | 105 | Honorio I | 638 | Juan XIV | 984 | Urbano VI | 1389 |
| San Alejandro I, M. | 115 | Severino | 640 | Juan XV | 996 | Bonifacio IX | 1404 |
| San Sixto I, M. | 125 | Juan IV | 642 | Gregory V | 999 | Inocencio VII | 1406 |
| San Telésforo, M. | 136 | Teodoro I | 649 | Silvestre II | 1003 | Gregorio XII | 1415 |
| San Higinio, M. | 140 | San Martin I, M. | 655 | Juan XVII | 1003 | Martin V | 1431 |
| San Pio I, M. | 155 | San Eugenio I | 657 | Juan SVIII | 1009 | Eugenio IV | 1447 |
| San Aniceto, M. | 166 | San Vitaliano | 672 | Sergio IV | 1012 | Nicolás V | 1455 |
| San Sotero, M. | 175 | Adeodato II | 676 | Benedicto VIII | 1024 | Calixto III | 1458 |
| San Eleuterio, M. | 189 | Dono | 678 | Juan XIX | 1032 | Pio II | 1464 |
| San Victor I, M. | 199 | San Agaton | 681 | Benedicto IX | 1044 | Pablo II | 1471 |
| San Ceferino, M. | 217 | San León II | 683 | Benedictor IX | 1044 | Sixto IV | 1484 |
| San Calixto I, M. | 222 | San Benedicto II | 685 | Benedicto IX | 1045 | Inocencio VIII | 1492 |
| San Urbano I, M. | 230 | Juan V | 686 | Silvestre III | 1045 | Alejandro VI | 1503 |
| San Ponciano, M. | 235 | Conón | 687 | Gregorio VI | 1046 | Pio III | 1503 |
| San Anterio, M. | 236 | San Sergio I | 701 | Clemente II | 1047 | Julio II | 1513 |
| San Fabian, M. | 250 | Juan VI | 705 | Benedicto IX | 1048 | León X | 1521 |
| San Cornelio, M. | 253 | Juan VII | 707 | Damaso II | 1048 | Adriano VI | 1523 |
| San Lucio I, M. | 254 | Sisinio | 708 | San León IX | 1054 | Clemente VII | 1534 |
| San Esteban I, M. | 257 | Constantino I | 715 | Victor II | 1057 | Pablo III | 1549 |
| San Sixto II, M. | 258 | San Gregorio II | 731 | Esteban IX | 1058 | Julio III | 1555 |
| San Dionisio | 268 | San Gregorio III | 741 | Nicolas II | 1061 | Marcelo II | 1555 |
| San Félix, I, M. | 274 | San Zacarias | 752 | Alejandro II | 1073 | Pablo IV | 1559 |
| San Eutiquiano, M. | 283 | Estevan III | 757 | San Gregorio VII | 1085 | Pio IV | 1565 |
| San Cayo, M. | 296 | San Pablo I | 767 | Victor II | 1087 | San Pio V | 1572 |
| San Marcelio, M. | 304 | Estevan IV | 772 | B. Urbano II | 1099 | Gregorio XIII | 1585 |
| San Mercelo I, M. | 309 | Adriano I | 795 | Pascual II | 1118 | Sixto V | 1590 |
| San Eusebio,M. | 309 | San León III | 816 | Gelasio II | 1119 | Urbano VII | 1590 |
| San Melquiades, M. | 314 | Estevan V | 817 | Calixto II | 1124 | Gregorio XIV | 1591 |
| San Silvestre I | 335 | San Pascual I | 824 | Honorio II | 1130 | Inocencio IX | 1591 |
| San Marcos | 336 | Eugenio II | 827 | Inocencio II | 1143 | Clemente VII | 1605 |
| San Julio I | 352 | Valentin | 827 | Celestino II | 1144 | León XI | 1605 |
| Liberio | 366 | Gregorio IV | 844 | Lucio II | 1145 | Pablo V | 1621 |
| San Damaso I | 384 | Sergio II | 847 | B Eugelio III | 1153 | Gregorio XV | 1623 |
| San Siricio | 399 | San León IV | 855 | Anastasio IV | 1154 | Urbano VIII | 1644 |
| San Anastasio I | 401 | Benedicto III | 858 | Adriano IV | 1159 | Inocencio X | 1655 |
| San Inocencio | 417 | San Nicolas I | | Alejandro III | 1181 | Alejandro VII | 1667 |
| San Zosimo | 418 | (El Grande) | 867 | Lucio III | 1185 | Clemente IX | 1669 |
| San Bonifacio I | 422 | San Adriano II | 872 | Urbano III | 1187 | Clemente X | 1676 |
| San Celestino I | 432 | Juan VIII | 882 | Gregorio VIII | 1187 | B. Inocencio XI | 1689 |
| San Sixto III | 440 | Marino I | 884 | Celemente III | 1191 | Alejandro VIII | 1691 |
| San León I (El Grande) | 461 | San Adriano III | 885 | Celestino III | 1198 | Inocencio XII | 1700 |
| San Hilario | 468 | Esteban VI | 891 | Inocencio III | 1216 | Clemente XI | 1721 |
| San Simplicio | 483 | Formoso | 896 | Honorario III | 1227 | Inocencio XIII | 1724 |
| San Felix III o II | 492 | Bonifacio VI | 896 | Gregorio IX | 1241 | Benedicto XIII | 1730 |
| San Gelasio I | 496 | Estevan VII | 897 | Celestino IV | 1241 | Clemente XII | 1740 |
| Anastacio II | 498 | Romano | 897 | Inocencio IV | 1254 | Benedicto XIV | 1758 |
| San Simaco | 514 | Teodoro II | 897 | Alejandro IV | 1261 | Clemente XIII | 1769 |
| San Hormidas | 523 | Juan IX | 900 | Urbano IV | 1264 | Clemente XIV | 1774 |
| San Juan I | 526 | Benedicto IV | 903 | Celemente IV | 1268 | Pio VI | 1799 |
| San Felix IV o III | 530 | León V | 903 | B. Gregorio X | 1276 | Pio VII | 1823 |
| Bonifacio II | 532 | Sergio III | 911 | B. Inocencio V | 1276 | León XII | 1829 |
| Juan II | 535 | Anastasio III | 913 | Adrian V | 1276 | Pio VIII | 1830 |
| San Agapito I | 536 | Landon | 914 | Juan XXI | 1277 | Gregorio XVI | 1846 |
| San Silverio, M. | 537 | Juan X | 928 | Nicolas III | 1280 | Pio IX | 1878 |
| Vigilio | 555 | León VI | 928 | Martin IV | 1285 | León XIII | 1903 |
| Pelagio I | 561 | Esteban VII | 931 | Honorio IV | 1287 | San Pio X | 1914 |
| Juan III | 574 | Juan XI | 935 | Nicolas IV | 1292 | Benedicto XV | 1922 |
| Benedicto I | 579 | León VII | 939 | San Celestino V | 1296 | Pio XI | 1939 |
| Pelagio II | 590 | Esteban IX | 942 | Bonifacio VIII | 1303 | Pio XII | 1958 |
| San Gregorio I | | Marino II | 946 | B. Bendicto XI | 1304 | Juan XXIII | 1963 |
| (El Grande) | 604 | Agapito II | 955 | Celemente V | 1314 | Pablo VI | 1978 |
| Sabiniano | 606 | Juan XII | 964 | Juan XXII | 1334 | Juan Pablo I | 1978 |
| Bonifacio III | 607 | León VIII | 965 | Benedicto XII | 1342 | **Juan Pablo II** . . . . . . .2005 |
| S Bonifacio, IV | 615 | Benedicto V | 966 | Clemente VI | 1352 | **Benedicto XVI** | 2013 |
| | | | | | | Francis, now reigning | |

*Reimprimido con permiso del Directorio Oficial Católico